Salome Benidze

Die Stadt auf dem Wasser

Aus dem Georgischen von Iunona Guruli

W0175220

AvivA

Inhalt

Für Ulrike

Traum – 13.6.2013

Ich stand auf einer Felsspitze, von der der Nebel sich ausbreitete, ich stand und wiegte mich hin und her, ich wiegte mich und schlief. Ich schlief mit offenen Augen, so wie es Menschen mit nach einer langen Wanderung abgestumpften Gefühlen tun. Ich wiegte mich im Rhythmus des Nebels mit dem Wind. Die Felder blickten mit geweiteten Pupillen und tränenden Flüssen auf mich. Sie schauten mich an, ohne ein Wort zu sagen. Aus allen Himmelsrichtungen kamen Vögel zu mir und brachten mir Blumen. Ich aber schlief, erfüllt von dem Wunsch, allem bereits Geschehenen und allem in Zukunft Kommenden gegenüber gleichgültig bleiben zu können.

Ich wiegte mich auf der Felsspitze hin und her, wo der Nebel vor langer Zeit seine ersten Schritte wagte. Ich wiegte mich und an meinen vor Müdigkeit wie losgelösten Armen hingen Kamillenkränze herab.

*

Jede Nacht sah ich denselben Traum: ein Holzhaus, aus dessen Fenstern die mit Schnee bedeckten Berge und die vom Eismeer umgebene weiße Stadt zu sehen waren. Es war warm im Haus. Ich konnte nicht erkennen, in welchem Zimmer der Kamin brannte, ich sah nur hier und da die Reflexe von Feuerzungen an den Wänden und in den Spiegeln. Ich spazierte nackt durch die Zimmer, die ziegelrote Fleece-Decke bedeckte lediglich meine Schultern und meinen Rücken. Im Traum war mein Haar länger als in Wirklichkeit, meine Haut viel weißer und die Lippen viel röter. In einer riesigen Holzbadewanne lag Daniel. Sein Gesicht konnte ich nicht sehen, nur die Schultern und den Nacken. Ich näherte mich ihm vorsichtig und strich mit dem schaumbedeckten Schwamm erst über seine Schultern, dann über Rippen und Wirbelsäule. Daniel sah mich nicht an, aber ich wusste, dass er mich liebte. In der Realität war ich mir dessen nie so sicher, aber wahrscheinlich glaubte ich deshalb an seine Liebe, weil ich im Traum schöner war.

Der Schaum reichte mir bis zu den Ellenbogen. Ich lehnte mich an den Badewannenrand und beobachtete, wie aus den Seifenblasen ein seltsames Wesen emporwuchs – der Tod. Der Tod hatte lange, schlanke Beine, große Brüste, einen Schmollmund und ein zauberhaftes Lächeln. Er wuchs langsam in die Höhe, und das Haus füllte sich mit seinem Duft, mit den Gedanken, die nur noch ihm galten, mit meiner Angst und mit Daniels Schweigen. Als der Tod aufgehört hatte zu wachsen, richtete er sich in der Badewanne auf und schaute mich an. Ich begriff, dass es mein eigener Tod war, nicht der eines anderen.

In diesem obsessiven Traum gehorchte ich jede Nacht dem Tod, legte den schaumigen Schwamm auf den Badewannenrand, küsste Daniel auf den Nacken, legte mich auf den Fußboden, und als ob ich mich in die Risse der Holzbretter hineinschmölze, verschwanden erst mein Rücken, dann die Hüfte, dann die auf der Brust gekreuzten Hände und zuletzt das Haar.

Der Traum von vorgestern war etwas anders. Ich legte mich bäuchlings auf den Fußboden und fühlte, dass ich diesmal nicht ohne Schmerzen verschwand: Zuerst wurde mein Herz geritzt, dann schoss mir das Blut aus dem Rücken. Ich konnte nichts sehen. In dünne Scheiben geschnitten, glitt ich mit geschlossenen Augen in die Tiefe und spürte durch die Haut, wie ich eine Blutspur im Zimmer hinterließ. Ich wusste, dass ich durch mein spurloses Verschwinden Daniel und den Tod erleichtert hätte, während ich jetzt sowohl die beiden als auch mich selbst bestrafte.

Und als ich, geschnitten in dünne Scheiben, das Herz der Unendlichkeit erreichte, spürte ich, wie mein Körper sich entspannte und seinen Gang zur Sonne fortsetzte – dorthin, wo er Daniel und seine neue Liebe, meinen Tod, nie treffen würde.

*

Das Wasser konnte meinen Traum nicht wegspülen – er war so schwer, dass er auf den Grund sank und dort begraben wurde. Der Fluss sah zu mir auf und weinte, weinte, weil er nicht begreifen konnte, wie ich den Traum bis dahin mitgeschleppt hatte und wie er nun mit meinem Schmerz weiterleben sollte.

Gegen Abend zogen von Norden mehr Vögel denn je herbei und brachten mir jene blassen Blumen, die auf den Vulkanplateaus in Island wachsen.

Ich aber schlief immer noch auf der Felsspitze, und in meinen geöffneten Armen wiegte sich der Norden, der durchsichtig und blass war wie meine Liebe.

*

Daniel liebte den Winter und die Winterstädte. Ich war nie ein Wintermensch, dachte aber, dass Daniel und ich an einem glücklichen Januartag heiraten, nach Island reisen und in einer heißen Badewanne unter freiem Himmel liegend die Schneeflocken zählen würden. Die Stadt, die ich im Traum öfter gesehen hatte als mein eigenes Spiegelbild im Wasser, war in meiner Vorstellung Reykjavik. Ich war nie dort.

Manchmal, im tiefsten Schlaf, tauchte der Gedanke auf, dass ich allmählich mein eigenes Gesicht vergäße, so wie jene, die ihre Seele vor langer Zeit in den Körper eines anderen legten und erklärten, dass der Schlaf nichts anderes sei als der Abglanz und die fade Fortsetzung der qualvollen Realität, dass der Schlaf manchmal viel schmerzhafter sei als die Gesamtheit aller erschöpfenden Tage. Darum sollte man mit offenen Augen schlafen, damit zumindest die anderen nicht bemerken, dass man schläft.

*

Die Karawane kam von der Wüste her, von dort, wohin mein Fluss nie sein Bett verlegen würde. Lediglich unter der Wüste sickerte er spärlich dahin und schwemmte das aufgelöste Gestein meiner nächtlichen Visionen mit sich fort.

Zuvor aber sah ich im Traum eine Karawane, die sich in der Stille der Wüste heranschlängelte und dem unterirdischen Geräusch lauschte. Den Anführer der Karawane – Gabriel – sah ich nicht, aber ich spürte, dass seine Haut genauso duftete wie die gen Himmel blickenden Sonnenblumen in der Mittagshitze.

Eine alte Frau entfernte sich von der Karawane. Ihre rissigen Füße steckten in Schlappen aus Kamelleder und sie schlurfte in meine Richtung. Diesmal wiegte ich mich über der Wüste und war etwas nüchterner als in der Realität.

»Das Wasser hat mir von dir erzählt«, sagte die Frau, »du bist ein Kind der Gewässer, es gibt keinen Tod für dich, du wirst trotz allem an einem anderen Ort weiterleben.«

Ich musste lachen. Ich war fast tot und hatte keinerlei Absicht, wegen der Worte einer völlig unbekannten Alten ins Leben zurückzukehren.

»Deine Seele ist zersplittert«, fuhr sie fort, »und dein schöner Körper tarnt sie ähnlich einer bunten Schachtel, die eine zertrümmerte Vase verbirgt.«

Ich spürte, wie ich mein Wiegen verlangsamte und nach unten schaute.

»Als er dich verließ, nahm er auch deinen Schutzengel mit«, die Alte wollte nicht aufhören, »seitdem hängst du zwischen Traum und Realität und kannst dich nicht entscheiden, wo du dich niederlassen sollst.«

Ich stand bereits auf der Erde und schaute die Frau an. Sie hatte faltige, kastanienbraune Haut und tiefsitzende, himmelblaue Augen, klar wie das Wasser meines Flusses.

»Er, der zu dir kommt, ist bereits unterwegs«, sie berührte mit ihrer Hand mein Gesicht, »er schlendert her und singt Lieder mit ausgetrockneter Kehle. Er weiß, wo er dich finden kann. Er weiß, dass er dich dort findet, wo sich die in der Wüste verborgenen Tropfen sammeln.«

*

Ich stand auf der Felsspitze, von wo sich der Nebel ausbreitete, ich stand und wiegte mich hin und her, ich wiegte mich hin und her und schlief. Es war zermürbend, so zu schlafen. Ich beschloss, die Augen weit aufzumachen, mich in den Abgrund zu stürzen und den Tagträumen für immer zu folgen.

Von Süden flogen Vögel herbei. Sie flogen herbei und brachten Sonnenblumenkränze mit, die sie an meinen Körper hängten. Ich aber, mit meinen für die Ewigkeit geöffneten Augen, sah hinter dem Horizont eine Stadt, in der ich einst gewesen war. Eine Stadt, die, wenn mein getrübtes Gedächtnis mich nicht täuschte, Florenz hieß.

Ich senkte die Arme, kreuzte sie hinter dem Rücken und spürte, wie das Universum sich mit dem gleichen Duft füllte, den Sonnenblumen in der Mittagshitze verströmten. Ich blickte vom Fels herunter. Mein Fluss sah mich an, als ob er etwas Wichtiges von mir erwartete.

Gerade als ich im Begriff war, die Augen weit aufzumachen, berührte jemand meine Hände. Ohne mich umzudrehen, sah ich ihn, den Anführer der Karawane – Gabriel, den das Wasser zu mir geführt hatte. Er hatte eine sonnenverbrannte, derbe Haut und vom Sonnenlicht verengte, honigfarbene Augen. Er stand hinter meinem Rücken, umklammerte meine beiden Hände mit seinen und betrachtete meine Schultern.

Ich kann mich nicht erinnern, wie ich einen Schritt rückwärts machte, mich an Gabriels Brust lehnte, die Augen schloss und erwachte.

Lydia

An jenem Abend, als die vierundzwanzigjährige Lydia Brusokajte vom turbulentesten Pub der kleinen Stadt nach Hause ging, bemerkte sie, dass es in der Luft nicht mehr nach Pfirsichen und Mandeln duftete; sie begriff, dass endlich der Tag gekommen war, auf den ihre Mutter, Frau Irene Bauer, seit langer Zeit gewartet hatte.

Lydia öffnete die Wohnzimmertür. Vater und Mutter saßen schweigend da. Johannes sah Irene an, Irene ihre Hände, die so durchsichtig waren wie nie zuvor. Der Tisch war mit unbenutztem Besteck und vier Tellern gedeckt. Gemäß der Familientradition stellten sie immer einen zusätzlichen Teller für jemanden hin, den sie nicht kannten, nicht erwarteten, der hungrig unterwegs war und uner-

wartet kommen könnte. In der Regel kam niemand. Zu ihnen kam nie jemand, geschweige denn ein unbekannter, nicht geladener Gast. Sowohl die Glocke als auch der Türklopfer – eine schwere, goldfarbene Hand – hingen ungenutzt an der schweren Holztür. Nicht einmal der Postbote störte die Behaglichkeit der Familie. Er legte die Zeitungen vor der Tür ab und kehrte schweigend um. Jawohl, nur Zeitungen. Lydia und ihre Eltern erhielten auch keine Briefe.

Johannes senkte den Kopf, Lydia blickte erst zum Vater, dann zum im Eingang stehenden alten Koffer, auf dem die Kontinente aufgemalt waren. Bis dahin wurde der Koffer immer im Zimmer der Mutter aufbewahrt. Irene verreiste nie, selbst das Haus verließ sie selten. Meistens saß sie auf dem Dachboden und malte. Ihren Mann und die Tochter hatte sie nie gemalt. Zwar malte sie des Öfteren ein Mädchen, das Lydia sehr ähnlich sah, aber Lydia verstand auch ohne Worte, dass dieses Mädchen mit den großen, honigfarbenen Augen und dem glücklichen Lächeln jemand anderes war und nicht sie selbst. Und überhaupt hatte Lydia dunkelblaue Augen und ein zaghaftes Lächeln. Sie lächelte so unmerklich, dass nur der Vater erkannte, wenn sie sich freute. Der Vater und André.

Irene saß immer noch reglos da. Ihre fahlen Gesichtszüge flatterten in der Luft. Hinter ihren streng zusammengepressten Lippen, den farblosen Wangen und den langen Wimpern sah man einen uralten Schrank und das vergoldete Teeservice von Johannes' Großmutter.

*

Lydia konnte sich nicht entsinnen, ob ihre Eltern einander jemals geliebt hatten. Auf den ersten Blick war Johannes ein gewöhnlicher Mann. Das ganze Jahr über trug er eine abgenutzte Stoffhose und ein kariertes Hemd. Je nach Jahreszeit zog er manchmal eine graue Strickjacke darüber. Er sprach leise, lachte selten und sah außer Lydia niemandem in die Augen.

Lydias Schlafzimmer lag direkt gegenüber dem Schlafzimmer ihrer Eltern. Dennoch hatte sie nie jene seltsamen Laute vernommen, welche ihre Mitschüler aus den Schlafzimmern ihrer Eltern hörten. Irene schlief fast immer in ihrem Atelier, in der zwischen Farben und Staffeleien baumelnden Hängematte. Lydia wusste, dass die Mutter im Schlaf malte. Im Wachzustand trug sie lediglich die Farben und die Umrisse auf die Leinwand auf.

Wenn der Mond abnahm, färbte Irene sich die Lippen rot und tuschte die Wimpern. Lydia mochte es, wenn der Mond abnahm. In dieser Zeit glich die Mutter anderen Frauen, den Müttern ihrer Freundinnen, die ihre Kinder täglich von der Schule abholten, fröhlich lachend und hübsch gekleidet. Einige fuhren eigene Wagen, andere kamen zu Fuß, mit ihren Absätzen auf den Pflastersteinen klappernd. Sie waren normal und herzlich, so dass Lydia sich wünschte, der Mond sollte nie wieder zunehmen, denn anscheinend trug er die Farbe, die Haut und die Schönheit ihrer Mutter davon sowie ihr Lachen, das sowieso äußerst selten übers Gesicht huschte.

Nachts hockte Lydia auf dem Fensterbrett, schaute zum Mond und zählte die Tage. Sie mochte ihre durchsichtige Mutter nicht, die ausdruckslos und verstohlen durch die dunklen Gänge schlich, ohne auch nur ein Wort mit ihrer Tochter zu wechseln, geschweige denn mit ihrem Mann. Je mehr Zeit verging, desto schwerer fiel es Lydia zu erkennen, wann Irene sich freute und wann sie traurig war.

In der Kindheit genoss Lydia es, wenn sie krank war. Wenn sie Fieber hatte, trug die Mutter sie in den Keller und legte sie in das riesengroße Bad voller Blumen und silberglänzender Fische. Das Mondlicht schien in den Keller durch das einzige, winzige Klappfenster. Lydia schwebte auf dem Wasser und sah zu, wie Irene sich auszog, ihr goldenes Haar löste und zu singen begann. Mit zwanzig Jahren konnte Lydia sich nicht mehr an die Worte erinnern, die sie mit zwölf das letzte Mal gehört hatte. Woran sie sich erinnerte, war, dass die Mutter über die Wege und über den Mond sang, über die Menschen, die zum Himmel hinaufsteigen und die Schmerzen der anderen mitnehmen. Sie sang über die silberglänzenden Fische, in die sich die Menschen verwandelten, wenn sie zum Himmel aufgestiegen und ins Meer zurückgekehrt waren. Am Ende stieg Irene selbst ins Bad, legte sich neben ihrem Kind aufs Wasser und schmiegte ihre Wange an die seine. Lydia fühlte, wie ihre Hitze auf die Haut der Mutter überging, sie deckte sich mit dem Wasser zu wie mit einer Bettdecke und schlief ruhig ein.

Ein einziges Mal hatte Irene geweint. Sie weinte an Lydias dreizehntem Geburtstag. Auch damals lag das Mädchen, von einer merkwürdigen Schwäche befallen, auf dem Wasser und sah, wie die Mutter mit einem weißen Lappen das Blut abwischte, das von Lydias Beinen herabtropfte. Diesen Lappen verbrannte sie dann im Feuer, das sie aus Pfirsich- und Mandelbaumästen entfacht hatte. Damals sang Irene dem Feuer weinend ein Lied, das Lydia zuvor noch nie gehört hatte – ein Lied über die merkwürdige Liebe eines Mädchens mit goldenem Haar. Irene sang das letzte Mal. Als das Feuer erlosch, bemerkte Lydia, dass die Haare ihrer Mutter mondfarben wurden, mondfarben und so glänzend, als ob plötzlich silberne Fische darin schwammen.

»Einst hatte auch ich diese Stadt gern«, sagte Irene damals. Lydia verstand nichts.

*

André war immer in ihrer Nähe, nicht im übertragenen Sinne, sondern tatsächlich. Als Johannes die drei Tage alte Lydia zum ersten Mal spazieren fuhr, stand der damals zweijährige André, seine Nase an die Scheibe gedrückt, am Fenster des Nachbarhauses und schaute erstaunt auf das kleine Wesen, das in schneeweißen, mit Spitzen verzierten Tüchern ruhig dalag und den Himmel anstarrte. Zuvor hatte André nur Menschen gesehen, die größer waren als er selbst, weshalb Lydia seine besondere Aufmerksamkeit galt. Es war Liebe auf den ersten Blick.

Und wenn die fiebernde Lydia auf dem Wasser trieb, beobachtete er sie, auf dem Boden liegend, durch das einzige, kleine Klappfenster, so dass niemand seinen Schatten sehen konnte. André wusste, dass der Mond Lydia Lebenskräfte verlieh, deshalb durfte man ihrer Verbindung nicht im Wege stehen. Überhaupt wusste André über Lydia vieles, wovon sie selbst keine Ahnung hatte.

Sie trafen sich auf dem Hügel, unter den Pfirsich- und Mandelbäumen. Von dort war die ganze Stadt zu sehen, die Stadt und das Meer samt den aus Nachbarländern angereisten Schiffen. Der Hafen ihrer Heimatstadt war genauso wenig ehrgeizig wie deren Bewohner. Hier lebte jeder ruhig und friedlich sein eigenes Leben.

André hatte die wärmsten Hände auf der ganzen Welt, nur er konnte die in Lydias Händen sitzende Kälte der silberglänzenden Fische vertreiben.

»Ich liebe diese Stadt, versprich mir, dass wir von hier niemals wegziehen!«, sagte Lydia immer wieder und schaute André an.

Das Mädchen stand stets mit dem Rücken zum Meer. Sie konnte das Wasser auch so hören und verstehen, seinen Anblick brauchte sie nicht. Alles, was Lydia sehen wollte, fand sie in Andrés Augen – all die Schiffe, die in den Hafen einfuhren, alle am Strand entlangspazierenden Menschen, all die Sonnenschirme, Pflanzen und Möwen. Die Fische trug Lydia immer in ihren eigenen Adern mit sich herum.

André lächelte und sagte nichts. In solchen Augenblicken verstand Lydia ihn nicht.

*

Johannes alterte still. Seine Haut färbte sich allmählich durch Irenes Kälte und Lydias Erwachsenwerden. Er kümmerte sich allein um den kleinen Garten im Hinterhof des mit Efeu bewachsenen Hauses und mied strengstens zwei Plätze – das Dach und den Keller, um nicht Irenes Zorn hervorzurufen.

Er erinnerte sich nicht, wann er die Liebe seiner Frau verloren hatte. Einst waren sie ganz gewöhnliche Verliebte, tagsüber besuchten sie die Vorlesungen, abends gingen sie ins Kino, aßen Karamellwaffeln und mit Mandeln bestreutes Eis, liefen Schlittschuh und bräunten sich in der Sonne. Die glückliche Irene malte selten und lud ihre Freunde häufig zu einer Tasse Tee in genau den Garten ein, der mit der Zeit zu Johannes' einzigem Fluchtort wurde.

Johannes konnte sich auch nicht daran erinnern, wann er Irene das letzte Mal nackt gesehen hatte, obwohl er den vollen, mondfarbenen Körper seiner Frau stets vor Augen hatte, den Körper, der einst nur ihm gehörte. Johannes wollte nicht wahrhaben, dass sich ohne sein Zutun eines seltsamen Tages alles geändert hatte, absolut alles, ausgenommen seine Stoffhose, sein kariertes Hemd und die graue Jacke. Irene jedoch nutzte den Vollmond nun selbst, um für immer gesichtslos zu bleiben. Sie schlich lautlos durch die Gänge und beachtete weder Johannes noch Lydia.

Seit jenem Tag, als Irene am Rande des im Keller aufgestauten Wassers das letzte Mal gesungen hatte, wurden Lydias Bande zum Vater noch fester. Zum Vater und zu André.

»Wenn du die Augen öffnest, siehst du etwas, was du noch nie zuvor gesehen hast«, sagte André und legte Lydia auf die Erde.

Auf die Wiese schienen viele kleine Monde herab. Lydia wusste nicht, wie André es geschafft hatte, sie zur Erde zu bringen, aber dieses Gefühl, im Licht zu liegen, ähnelte den Krankheitstagen der Kindheit, die Lydia so mochte und vermisste. Währenddessen schmiegte sich Andrés Haut immer stärker an ihre eigene und schien allen Schmerz und Kummer einzusaugen, der sich während der ganzen Jahre in Lydias Körper angesammelt hatte.

Als Lydia an diesem Abend nach Hause kam, wünschte sie sich zum ersten Mal, das in der Familie herrschende Schweigen zu brechen. Sie griff forsch zum Türklopfer, der goldfarbenen Hand, einer Kopie der Hand ihres Großvaters, und hämmerte viermal. Sie hämmerte so stark, dass alle sofort aufwachten: der vorm Fernseher eingenickte Vater, die auf dem Korridorboden liegende Mutter, die Fische im Keller und die Gemälde im Dachgeschoss.

Johannes öffnete die Tür. Unweigerlich blickte er in Lydias Augen. Er sah in den Augen seines Kindes sein eigenes Abbild, in den Augen seines Abbilds war Lydias sonnenfarbenes Haar zu sehen, das kaum merklich von einem durchsichtigen Mondstreif durchbrochen war.

Im Esszimmer herrschte Schweigen. Irene stand auf und ging zum Koffer, ohne mit den Füßen den Boden zu berühren.

Lydia sah nicht, wie ihr Vater in den zweiten Stock stieg. Sie hörte nur einen Schuss und ein merkwürdiges Gefühl überkam sie, sie begriff, dass sie verschwunden war.

*

21

»Wir wollten Sie nicht belästigen, Frau Schmidt«, der Polizist nahm den Hut ab, »aber Sie wissen besser als ich, dass der Verstorbene keine nahe Verwandte hatte. Laut Testament sind Sie seine einzige Erbin.«

Frau Schmidt war eine Frau Mitte dreißig, mit rotem Lippenstift und langen Fingernägeln. Sie sah den Polizisten kühl an.

»Muss ich etwas unterschreiben?«

»Ja«, der Polizist lebte sofort auf und zückte einen Stapel Papiere, »Sie müssen nur an zwei Stellen unterschreiben. Ein Notar wird noch kommen und Ihnen andere Unterlagen aushändigen. Das Haus wird in Ihren Besitz übergehen ...«

Frau Schmidt ging im Gästezimmer hin und her und setzte sich unweit eines mit altem Geschirr vollgestopften Schrankes.

»Wahrscheinlich war meine Anreise doch überflüssig.«

»Wir verstehen«, nickte der Polizist, »aber wir konnten Ihre Tochter nirgends finden, auch keine ihrer persönlichen Dokumente. Wir wollten sie kontaktieren, aber vergebens.«

»Was hat meine Tochter damit zu tun?« Frau Schmidt war sichtlich empört.

»Dann könnten Sie den Besitz gleich auf ihren Namen umschreiben. Das wäre der richtige Weg. Soweit wir wissen, ist Lydia Brusokaite, Ihre und des Verstorbenen gemeinsame Tochter, vierundzwanzig Jahre alt, was sie dazu berechtigt ...«

»Was erzählen Sie da? Ich habe nur ein einziges Kind, Anna-Ulrike Schmidt. Sie ist zwanzig und wohnt zur Zeit in Berlin. Auch ich müsste eigentlich dort sein. Morgen ist die Eröffnung meiner Ausstellung und Sie erzählen mir hier irgendwelchen Blödsinn!«

Der Polizist stand auf. »Ihr Ex-Ehemann erwähnte im Gespräch mit den Nachbarn stets ihre gemeinsame Tochter Lydia. Nicht nur das, ein Nachbar, der sechsundzwanzigjährige André, verdammt, ich hab den Nachnamen vergessen, beteuert sogar, dass er ihr persönlich begegnet ist …«

Irene Schmidt verlor die Geduld und ging mit schnellen Schritten Richtung Tür.

»Wenn Sie noch etwas brauchen, Sie wissen, in welchem Hotel ich abgestiegen bin.«

»Frau Schmidt, im Dachgeschoss sind Ihre Gemälde, ganz alte, wollen Sie sie vielleicht mitnehmen?« Der Polizist folgte ihr.

Die Frau drehte sich um und sah den Polizisten hasserfüllt an.

»Wollen Sie sich über mich lustig machen? Während der Zeit, in der ich in diesem Haus gelebt habe, habe ich nichts gemalt, hören Sie? Nichts!«

»Ja, aber …«

Irene Schmidt knallte die Tür hinter sich zu, ging auf die Straße und sog tief die mit Pfirsich- und Mandelduft durchtränkte Luft ein.

»Einst liebte ich diese Stadt tatsächlich«, dachte sie und schaute in ihre Tasche, um den roten Lippenstift zu suchen.

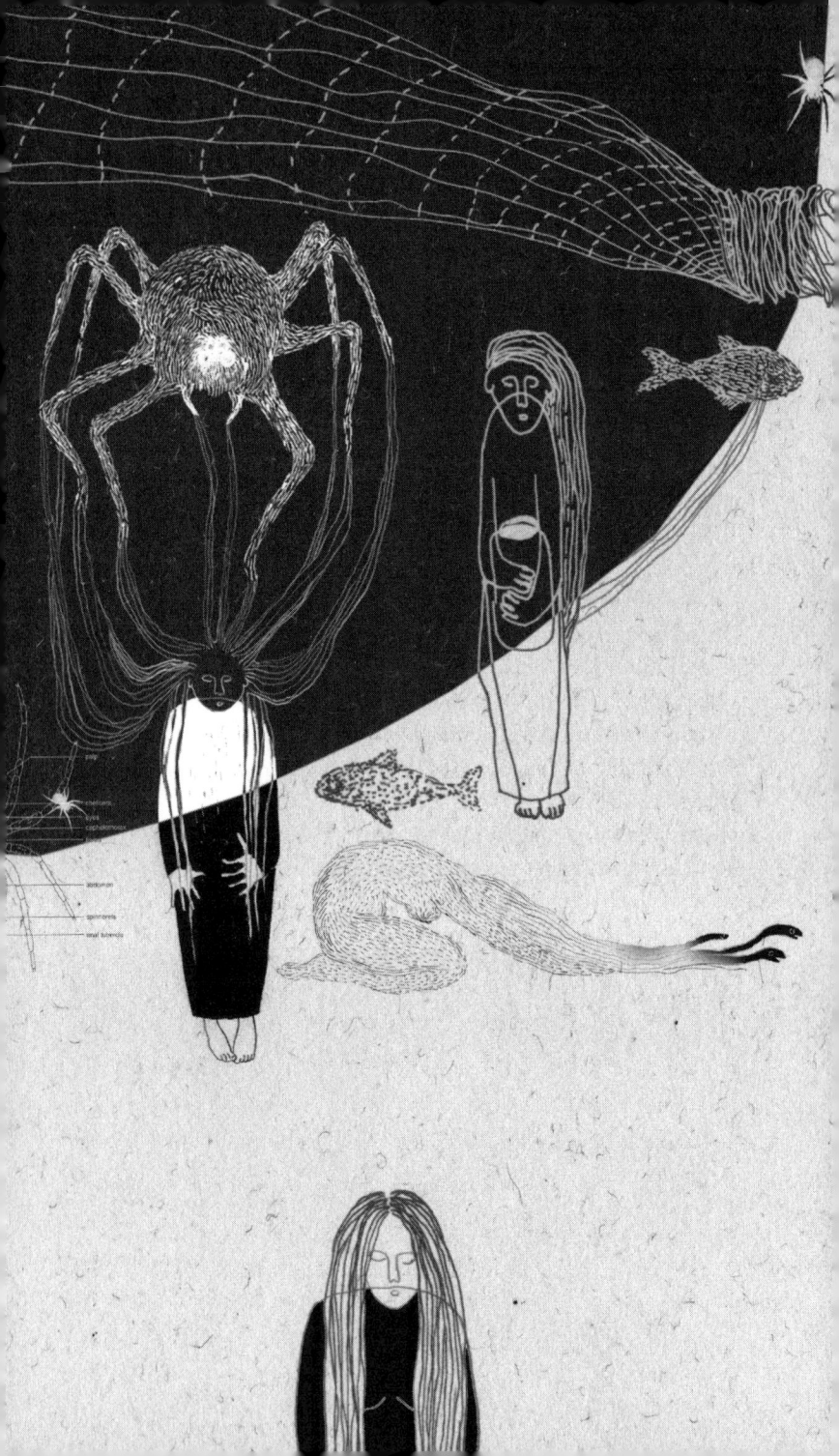

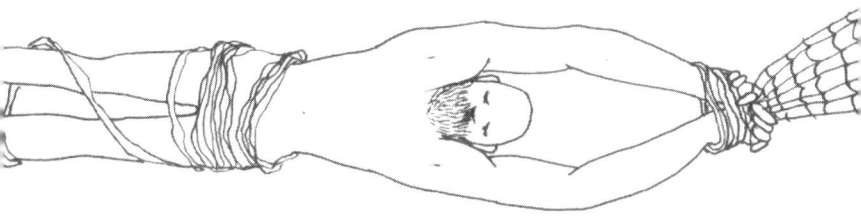

Efi

»Liebe Mutter,

das gute Wetter lässt immer noch auf sich warten. Der Frühling ist dieses Jahr genauso erbarmungslos, wie Großvater es gegenüber Großmutter in den ersten Jahren ihrer Ehe gewesen ist, bis die Elektrosäge, die seinem Nachbar aus der Hand gerutscht ist, seine Beine in Kniehöhe durchtrennte und er bettlägerig wurde. Die Liebe war dort wohl fehl am Platz. Großvater gehörte zu der Sorte Mensch, die andere Menschen nur in Bezug auf sich selbst lieben, oder einfacher gesagt, die sie bloß gebrauchen. So oder so hatte er, als er Waden und Füße verlor, wahrscheinlich keine Kraft mehr, seine Frau zu verprügeln. Wenn ich an Großmutters Stelle gewesen wäre, hätte ich aus dem Wandschrank die schön verzierten Gläser herausgenommen und an ihrer Statt die Säge des Nachbarn als Zeichen der Dankbarkeit ausgestellt. Aber den Frauen der Generation meiner Großmutter wurde in unserer Stadt laut

25

einem ungeschriebenen Gesetz verboten, ihre Gefühle und Ansichten zur Schau zu stellen. Auch meine grün und blau geschlagene Großmutter durfte nicht aussprechen, dass die Säge sie vor der ewigen Demütigung bewahrt hatte.

Was ich vorhin erzählte: Es regnet pausenlos und ist so bitterkalt, dass die Stadt die Pfirsichblüte ausgelassen hat und am See beim westlichen Stadttor nur einige ungeöffnete Lilienknospen gewachsen sind. Von den Weidenblättern in unserem Garten rinnt es wie aus einem Brunnen. An den Abenden heize ich den Kamin an und ziehe mir Wollsocken über. Die Einsamkeit ist eine Strafe, die man mit ewig vereisten Füßen absitzen muss. Man hat keine andere Wahl. Entweder du hast niemanden und der erbarmungslose Frühling jagt dir Angst ein, oder du teilst das Wetter mit jemandem und die Jahreszeiten kümmern dich nicht sonderlich.

Ich habe mich selbst zu Hausarrest verdammt. Bis der Regen aufhört und von Westen das Singen der Lilien ertönt, werde ich jeden Abend ›Das Sonett des April-Meeres‹ spielen, das Großmutter abends spielte, wenn sie mit dem Spitzenhäkeln und dem Polieren der Teetassen fertig war. Sieben Jahre nach dem Tod ihres Mannes wagte sie es zum ersten Mal, sich an die Töne zu erinnern. Man sagt, dass Vater sich sehr freute.

Ich frage mich, wie es ausgesehen hätte, wenn du und Großmutter zusammen gelebt hättet.«

*

Efi hatte dünne Beine, so dünn, dass Theodor jedes Mal, wenn sie langsam die gefütterten Stiefel auszog, mit den nackten Füßen den Boden berührte und sich auf diese Beine stellte, das Lied der Lilien hörte, die am Ende der Stadt am Seeufer blühten und ihre Köpfe in den Wind neigten.

Abends setzte sich Efi in den Fensterrahmen und streckte die in der Luft baumelnden Füße zum Kamin. In diesem Moment glich sie einem Nachtfalter, der mit der einzigen Glühbirne eines heruntergekommenen Hauses spielt, und Theodor wünschte sich nichts sehnlicher, als mit der Hitze seines Körpers diese an Bienenwachskerzen erinnernden Beine zum Schmelzen zu bringen.

Efi hatte nie geglaubt, dass sie sich jemals in jemanden aufgrund seiner Güte verlieben würde. Die Männer, die sie davor hatte, waren anders – wenn sie nach Hause zurückkehrten, brachten sie den Duft von Ehrgeiz und Unersättlichkeit mit. Theodor ähnelte niemandem. Zwischen seinen Augen verliefen die Linien der Güte und aus den glühenden Schläfen vernahm Efi seinen Herzschlag so laut, dass sie die Fenster zumachte, wenn Theodor das Haus verließ, um nicht zufällig hinauszulaufen und sich ihm wie ein kleines Kind an den Hals zu hängen.

Einmal sah Efi Theodor im Traum. Damals hieß es, dass Theodor Katharina liebte, die Frau, wegen der er seine Heimat verlassen hatte und in die Stadt der Seen gezogen war. Efi hatte ihn zweimal gesehen, den Mann mit dem kurzen Bart und den gütigen, sumpffarbenen Augen. Sie hatte ihn nur zweimal gesehen und sich so sehr in ihn verliebt, dass sie nicht anders konnte, als ihn in ihren Träumen gefangenzuhalten. Sie sah im Traum Theodors Kopf auf ihrer Brust liegen. Im Haus war es warm. Efi war nackt und nur von Theodors Körper bedeckt. Auch in diesen Nachttraum verliebte sie sich. Als sie aufwachte, umfasste sie den Traum mit beiden Händen und versteckte ihn dort, wo die Linie des Lebens verblasst und sich auflöst. Am Abend ging sie zum See und säte den Traum im Schilf.

Theodor kam vom Meer. Er fuhr mit einem Schiff, auf dessen dunkelblaue Segel gelbe Narzissen gestickt waren. Niemand wusste, wie seine Heimatstadt hieß oder wie sein

Leben ausgesehen hatte, bevor er eines Tages während einer Flussfahrt Katharina begegnet war – dem Stolz und der Schönheit der Seenstadt, Siegerin im Segeln und Großmeisterin im Zielschießen, die stets elegant und großartig angezogen war. Als Katharina Theodors Boot einholte und ihre Augen, die so farbig waren wie die grünenden Bäume im März, auf ihn richtete, senkte Theodor zum Erstaunen aller die Ruder und stand auf. Später überquerte er genau jenes Meer, in das der Fluss ihrer Begegnung mündete. Er fand ein neues Zuhause in der auf dem Wasser erbauten Stadt, nahe wie belanglos daliegenden Seen, die sich nirgendwohin fortbewegten. Nahe dem ewigen, grenzenlosen Meer.

Als Theodor seinen Fuß zum ersten Mal auf den Boden der Stadt setzte, angelte Efi am Rande des Hafens. Sie hatte das Netz um ihren nackten Körper geschlungen und wartete. Sie sang leise über in fremden Gewässern verirrte Fische, die sich auf die Suche nach Korallenriffen gemacht hatten und nie wieder zurückgekehrt waren, sie sang über die Fischmütter, die ihre eigenen Kinder fraßen, um sie vor dem Dreck des Wassers zu bewahren, sie sang über die gefressenen Kinder, die wiedergeboren wurden und ihre Eltern hinter die neun Meere verjagten.

Die Fische sammelten sich allmählich um sie herum, doch Efi hatte das Interesse an ihnen verloren. Am Ufer spazierte ein Mann entlang, dem ein Licht der Güte folgte. Er ging zu einer anderen, er ging zur schönsten Katharina der Stadt.

*

»Liebe Mutter,

ich wollte dich fragen, was deiner Meinung nach die Liebe ist. Wie riecht die Liebe für dich? Wie atmet sie? Wie sehen ihre Finger aus? Liebtest du meinen Vater? Wie sah er dich an, wenn ihr im Graben lagt und der Mond auf euch herabschien? Wie senkten sich seine Schultern, wenn er sich zu dir neigte? Ähnelte seine Berührung dem Schlaf in einer Augustnacht oder dem Sprießen der Blumen auf dem glühenden Asphalt? Ich will wie jede andere die Liebe kennen, die mich auf die Welt gebracht hat. War sie unendlich wie das Weltall oder winzig wie der Mensch?

Was hättest du unternommen, wenn Vater der Ehemann einer anderen Frau gewesen wäre, als du ihm begegnet bist? Hättest du es geschafft, ihn zu vergessen? Oder hättest du alle Götter herbeigerufen, damit er sich auf den Weg macht, um Zuflucht zu finden, damit seine Augen sich mit Sand füllen, sich der Gestank der Meeresalgen in seinen Nasenlöchern staut und er letztendlich doch zu dir kommt?

Ich glaube, ich stelle merkwürdige Fragen. Meine Freunde erzählen ihren Müttern nichts von solchen Dingen, aber sie kennen ihre Mütter. Sie leben mit ihnen zusammen, unter einem Dach, während wir beide uns nie begegnet sind. Die eigene Mutter nicht zu kennen, kann manchmal auch von Vorteil sein.«

*

Das zweite Mal sah Efi Theodor auf dem Stadtfest. Er war mit Katharina zusammen. Efi saß auf der Bühne am mit Blumen geschmückten Klavier und spielte einen Walzer, als das Paar den Saal betrat. Katharina hielt am Klavier inne und wartete, bis Efi mit dem Spielen fertig war. Efis Hände zitterten, sie wünschte sich, dass Katharina verschwand, um

29

nur für Theodor zu spielen. Sie hätte alles gespielt, was sie konnte. Was sie nicht konnte, hätte sie erfunden und doch gespielt, damit Theodor ihr nur zuhörte. Als Efi zu Ende gespielt hatte, neigte sich Katharina zu ihr und lächelte sie an.

»Ich bin schon früher bei Ihren Konzerten gewesen. Ich bin entzückt von Ihnen.«

Efi war perplex. Sie spürte, wie die Brücke für einen Rückzug in sich zusammenbrach. Sie fand mit Mühe die Worte: »Vielen Dank! Auch ich bin von Ihnen begeistert. Bei uns sind Architektinnen so selten … Und Sie vollbringen Wunder.«

»Aber nicht solche wie Sie«, wieder lächelte Katharina sie an, »Ihre Musik ist ein Wunder. Ich danke Ihnen.«

Auch Efi bewegte die Lippen. Auf ihrem Gesicht erschien eine einem Lächeln ähnelnde Grimasse. Der Boden unter ihren Füßen geriet ins Wanken, sie spürte ihre Finger nicht mehr, dafür aber einen Knoten im Hals. Warum war diese Frau zu ihr gekommen? Wieso hatte sie sich entschlossen, ihr diese gütigen Worte zu sagen? Und warum hatte Theodor Efi nicht angeschaut? Bedeutete ihm ihre Musik etwa nichts?

Sie ging in jener Nacht zum Fischen, sie ging und nahm die Geige mit. Sie stellte sich nackt ins Wasser, das Fischernetz um den Körper geschlungen, und begann zu spielen. Ihre Augen füllten sich mit Mondlicht und sie versank im Schlaf. Stehend, ohne das Geigenspiel zu unterbrechen, sah sie im Traum Theodor. Als sie erwachte, zog sie am Netz. Kein einziger Fisch war zu sehen, dafür hatten sich die Tropfen des Traumes in den Fäden verfangen. Efi ging zu Fuß durch die Stadt, nur mit dem Fischernetz bedeckt, halb schlafend, in einer Hand die Geige, mit nach Meeresalgen riechender Haut, und kam am See an. Ihre Großmutter hatte ihr beigebracht, wo sie die Träume einpflanzen musste, damit sie keimen konnten.

Auch den Zauberspruch hatte sie von ihrer Großmutter geerbt – auf ein vergilbtes, gewachstes Blatt Papier von Hand gekritzelt.

Sie warf das Fischernetz in den See, nahe den Lilien. Nackt kehrte sie heim. Allmählich brach der Morgen an.

*

»Ich weiß nicht, ob Vater es dir jemals erzählt hat, aber an dem Tag, als Großmutter zwölf wurde, brach in der Seenstadt der Krieg aus. Die, die von den roten Bergen kamen, brachten alle um. Großmutters Eltern wurden auf dem Hauptplatz der Stadt bei lebendigem Leib verbrannt. Großmutter selbst überlebte auf wundersame Weise. Auf dem Dachboden, hinter der Tür, die nirgendwohin führte, entdeckte sie einen Hohlraum und versteckte sich dort. Sie konnte das Haus nicht verlassen, sie versuchte sogar, den Atem anzuhalten, damit die überall herumschleichenden Soldaten sie nicht bemerkten. Als ihre Augen sich an die Dunkelheit gewöhnt hatten, sah sie, dass sie in ein Spinnennetz eingehüllt war. Die Spinnen haben Großmutter behütet. Da staunst du, nicht wahr? Ich war auch erstaunt. Man erzählt, dass die Spinnen sie versorgt haben, bis die Armee aus den roten Bergen die Stadt verließ. Wenn ich mir vorstelle, wie meine kleine Großmutter zwischen zwei Wänden steht, verschreckt, abgemagert, und darauf wartet, wann man sie wohl findet, während vom Hauptplatz das schreckliche Geschrei ihrer Familie zu hören ist, läuft es mir kalt den Rücken herunter. In dem Moment eilen die Spinnen herbei. Große und kleine Spinnen. Sie bringen Nahrung und auf Blättern gesammeltes, sauberes Wasser, damit das Mädchen nicht verhungert …

Ich erzähle dir das Ganze und kann es selbst kaum glauben. Sag, Mutter, was dachtest du dir dabei, als du mich in den von Großmutter gestrickten Schal wickeltest, nachdem man die Leiche meines Vaters mit dem vom Feind durchlöcherten Hinterkopf in dein Holzhaus am Rande des Waldes brachte, und als du mich dem Gruppenführer übergabst? Du kanntest doch Großmutter gar nicht. Woher wusstest du, ob sie mich aufnehmen würde oder nicht, oder wie sie mich erziehen würde?

Der Dachboden, wo die Spinnen Großmutter beherbergt haben, ist jetzt verschlossen. Ich räume ihn nicht auf, ich wische die Spinnennetze nicht weg. Sie hat mich vor ihrem Tod darum gebeten.«

*

Als Theodor zum ersten Mal zu ihr kam, war es bereits nach Mitternacht. Er kam und stellte sich ans Fenster. Efi öffnete ohne nachzudenken die Tür und wartete darauf, dass er eintrat.

Seitdem kam Theodor zweimal die Woche, mittwochs und freitags. Er brachte den Duft der fremden Länder und den Geschmack von Katharinas Zweifeln mit, der Efis Zunge erst bitter machte und sie anschließend Tropfen für Tropfen vergiftete. In Theodors Haut lebte die Sonne, eine große und glühende – genau so eine, wie sie Großmutter beschrieben hatte, als sie von den roten Bergen erzählte. Efi hatte nie gefragt, wo ihre Heimat war, wer sie an der Schwelle zurückgelassen hatte, nachdem er die Tür hinter sich zugezogen hatte und auf einem Schiff mit bestickten Segeln hergereist war, oder wer in ihren Erinnerungen lebte. Für schlaflose Nächte genügte ihr schon der Gedanke an Katharina.

Manchmal ging Efi zum Seeufer, wo sie ihren Nachttraum eingepflanzt hatte, und nahm ein Gebräu aus Bergkräutern mit. An den Wurzeln des Traums trafen sich Berg und See.

Efi wartete darauf, dass der Baum aus dem Boden schoss, aber vergebens. Es vergingen drei Monate, drei Wochen und drei Tage, ohne dass sich am Erdboden etwas geregt hätte.

Theodor kam nun nur noch einmal die Woche – mittwochs. Freitags veranstaltete Katharina festliche Abende und verschiedene Gesellschaftsspiele für Freunde und Efi hatte keine andere Wahl, als zu Hause zu sitzen und nur für sich selbst zu spielen. Jeden Freitag, Viertel vor neun, öffnete Efi den Klavierdeckel, begann zu spielen und begriff, dass der Mann, in den sie sich der Güte in seinen Augen wegen verliebt hatte, zum größten Übel ihres Lebens geworden war.

An jenem Mittwoch kam Theodor später als üblich. Efi war müde und blass. Sie hatte um ihren Körper ein weißes Bettlaken gewickelt und stand auf der Treppe wie ein Gespenst. Theodor griff nach dem Laken. Efi sagte kein Wort, drehte sich um und ging die Treppen hinauf. Sie hielt einen Schlüsselbund in der Hand. Theodor war davor nie auf dem Dachboden von Efis Haus gewesen und er hatte noch nie so viele Spinnennetze gesehen, dicke und dünne, alte und frische, straffe und abgespannte.

»Streck die Arme zur Seite!«, sagte Efi zu ihm.

Theodor gehorchte. Efi schien nicht sie selbst zu sein, sondern ähnelte eher einem ausgedörrten Wesen, dem die Spinnen die Lebenskraft entzogen hatten.

»Die Beine auch!«, fuhr Efi fort und zog an den Spinnweben, die sie in dicken Strängen erst um seine Handgelenke, dann um seine Fußgelenke wickelte.

»Was tust du?« Theodor versuchte, sich zu befreien.

»Bleib ruhig!«, sagte Efi kalt und das Bettlaken fiel rauschend zum Boden. »Irgendwann werde ich zu meinem Kind sagen, dass die Liebe, der es sein Leben verdankt, schöner war als die Galaxis, quälender als der Januarfrost im Nordmeer und tiefer als die Augen seines Vaters.«

*

»Liebe Mutter,

man sagt, dass jeder für seine Fehler bezahlt. Sag, wie hast du dafür bezahlt? Ich kann mir nicht vorstellen, dass du nie mein Weinen gehört hast – selbst dann nicht, wenn der Wald einschlief, wenn du die vom Brunnen zurückkehrenden Kinder sahst. Selbst dann nicht, wenn du dich in andere Männer verliebtest. Ja, du verliebtest dich – auch das Verlieben für eine Nacht ist eine Liebe. Vor allem ist es eine Liebe, wenn es drei Monate, drei Wochen und drei Tage andauert. Ich habe es so beschlossen. Eine andere Wahl hatte ich nicht. Theodor hat mich geliebt.«

*

Theodor verließ die Stadt am neunundzwanzigsten Tag mit dem gleichen Schiff, mit dem er vor langer Zeit angereist war. Die Mauern des neuen Viertels, das Katharina am Stadtrand baute, bekamen in jener Nacht Risse.

Auch die Wände von Efis Haus bekamen Risse, als der Arzt sich beim Anblick der schwarzen Flüssigkeit, die aus Efis Vagina herauslief, schmerzhaft auf die Lippe biss. Nein, Blut konnte keine solche Farbe haben. Efi weinte nicht, sie schrie auch nicht. Sie sagte kein Wort. Versteinert wie ein Betonklotz ballte sie die Fäuste, spreizte die Beine und brach genauso auseinander wie das von Katharina gebaute Haus hinter dem See mit den Lilien.

Der Arzt schaute lange auf ihren erstarrten Körper und die Flüssigkeit verdickte sich immer mehr. Aus Efis Vagina krabbelte erst eine Spinne, dann die zweite, dann die dritte und so weiter, ohne Ende. Die ergraute Geburtshelferin, die die Nachricht von Efis Tod in der Stadt verbreitete, schwor, dass sie so etwas noch nie zuvor gesehen und auch noch nie in Büchern davon gelesen hätte.

Efis Körper verbannte man ans Seeufer am westlichen Tor, dorthin, wo früher, ihre Kränze in den Wind neigend, die weißen Lilien gesungen hatten, wenn Efi mit den Füßen den Boden berührte.

Ilaria

Das Meer kam mit der Morgendämmerung zur goldenen Bucht und brachte die glühenden Sonnenstrahlen und die Stimmen der in einer fremden Sprache singenden Meerjungfrauen mit. Es blieb einige Zeit, dann zog es sich wieder zurück und hinterließ in der Bucht ein Boot. Der Morgen, der sich langsam in die Stadt schlich, glich in keiner Weise dem Anfang eines Herbsttages. Es war heiß und die Luft regte sich kaum.

Das gestrandete Boot, das jemand sorgfältig mit Orangenblüten geschmückt hatte, fand Hans Haldor Alrikson, der um sieben Uhr Laufen und Schwimmen gegangen war. Seit seinem sechzehnten Geburtstag begann er jeden Morgen vor Sonnenaufgang mit dem Training. Er hatte sich geschworen, den Rekord seines Großvaters, Hans Haldor Alrikson des Älteren, zu überbieten und ohne Pause bis zum Ende des Archipels der Neun Sonnen zu schwimmen. Mit siebzehn erreichte Hans Haldor Alrikson bereits die Perlinsel, mit achtzehn die Bernsteininsel. Im Frühjahr seines neunzehnten Geburtstags bereitete er sich eifrig darauf vor, die Smaragdinsel in Angriff zu nehmen. In der Stadt sprach man oft davon, dass er es, wenn er so weitermachte, mit fünfundzwanzig auf jeden Fall schaffen würde, den Ruhm seines Großvaters in den Schatten zu stellen, der das Ufer der Perlinsel erst mit dreißig Jahren erreicht hatte.

Der vom Anblick des fremden Bootes irritierte Hans Haldor wollte das Boot erst selbst überprüfen, entschloss sich dann aber, die Fischer herbeizurufen. Niemand konnte

wissen, was sich in dem Boot befand, und für Hans Haldor war sein Ruf wichtiger als alles andere auf der Welt und er wollte ihn nicht aufs Spiel setzen. Der älteste unter den Fischern, Großvater Ramunas, in der ganzen Stadt für seine Ruhe und Weisheit bekannt, schob die Orangenzweige vorsichtig zur Seite und schaute ins Boot hinein. Die anderen standen in einiger Entfernung und warteten, was Ramunas sagen würde. Großvater Ramunas hielt kurz inne, dann krempelte er die Ärmel seines ausgeblichenen Hemdes hoch, als ob er sich auf das Auswerfen eines Netzes vorbereitete, und beugte sich zum Boot hinunter. Hans Haldor sah ihn nur von hinten und als der Älteste der Fischer sich aufrichtete, erkannte der junge Mann, dass die sonnenverbrannten Hände des Alten mit großer Behutsamkeit etwas oder jemanden hielten.

»Es ist nicht von hier«, ertönte Ramunas' Stimme, »es ist von den Südufern.«

Die Fischer liefen wie auf Kommando zu ihm.

»Wie hübsch!«, rief einer. »Wer konnte es nur so aussetzen?«

»Was sollen wir damit machen?«, fragte der Zweite.

»Wir müssen es dem Meer zurückgeben«, sagte der Dritte, »lasst es uns nicht in die Stadt bringen. Es wird sowieso keiner aufnehmen. Alle wissen, dass das Adoptieren eines fremdrassigen Kindes ein Fluch ist.«

Die Fischer wurden laut. Großvater Ramunas sagte kein Wort. Er schaute das Kind, das Hans Haldor nicht sehen konnte, schweigend an.

»Es muss ein paar Tage alt sein«, sagte er schließlich und öffnete das Wickeltuch aus rauem Stoff, »es ist ein Mädchen.«

»Geben wir sie dem Meer zurück«, wiederholte der dritte Fischer, »erst recht, da es ein Mädchen ist. Sie wird hier sowieso nicht überleben, sie wird nicht einmal lernen, wie man ein Fischernetz auswirft. Das Meer soll entscheiden, was mit ihr passiert.«

Seine Idee fand sehr schnell Anhänger, aber Großvater Ramunas hatte keine Eile, das Baby zurück ins Meer zu schicken.

Hans Haldor machte drei Schritte, stellte sich an die Seite des alten Fischers und betrachtete das Kind.

Das Mädchen hatte dunkle Haut und olivfarbene Augen. Es weinte nicht, sondern lag ruhig in den Armen von Großvater Ramunas und wartete geduldig, während über sein Schicksal entschieden wurde, von den Fischern, die nun schnell aufs Meer fahren wollten und versuchten, sich der unangenehmen Überraschung möglichst bald zu entledigen.

Hans Haldor hatte bis dahin nie über Verantwortung nachgedacht. Er war ein normaler achtzehnjähriger Junge, der das Meer liebte, das Meer und die Mädchen, vor allem die goldblonde Egle, die jeden Morgen mit einem Korb voll duftender Brötchen seine Straße entlangging und hinter einem riesigen grünen Tor verschwand. Alle Jungen der Straße waren in Egle verliebt, aber Hans Haldor war sich sicher, dass Egle ihn erwählen würde, wenn er die neunte Insel schwimmend erreichte. Deshalb bemühte er sich so sehr. Deshalb stand er täglich vor Sonnenaufgang auf. Hans Haldor liebte Kinder wie viele andere auch, aber er hatte keine Ahnung, wie sie heranwuchsen, zumal er Einzelkind war und noch nie erfahren hatte, was es bedeutete, für jemanden zu sorgen. Hans Haldor war selbst immer das Objekt der Liebe, des Stolzes und der Fürsorge seiner ganzen Familie.

Der Junge, der niemals auch nur ein Haustier gehabt hatte, stellte sich plötzlich das auf den Wellen treibende Boot mit dem unter den Orangenblüten versteckten, sich vor der Sonne schützenden kleinen Mädchen vor, in dessen Gesicht zwei olivengleiche Augen leuchteten, und begriff, dass er, würde dieses Kind vor seinen Augen ins Meer zurückgebracht, jede Nacht bis zu seinem Tod von diesen Oliven und diesem Morgen träumen und die Sonne, die halb hinter den Wellen zu sehen war, nie mehr ganz aufgehen würde.

»Das Meer hat bereits entschieden«, sagte er plötzlich.

Niemand hatte erwartet, dass er sich in die Diskussion einmischen würde. Die Fischer schauten ihn erstaunt an. Er atmete tief ein und fuhr fort: »Das ist meine Meinung. Ich denke, dass das Meer entschieden hat, das Baby zu uns zu bringen.«

Die Fischer wurden still. Großvater Ramunas lächelte.

»Ich habe das Boot gefunden und ich trage die Verantwortung. Ich nehme sie mit«, Hans Haldor drehte sich zum Fischerältesten, »das Kind ist meins. Sie haben kein Recht, es dem Meer zurückzugeben.«

Großvater Ramunas schaute den Jungen an. Er sah jeden Morgen, wie Hans Haldor vom Ufer der aufgehenden Sonne bis zu dem Ufer der untergehenden Sonne lief, er sah, wie er mit seiner Mutter zum Fischmarkt ging, wie er den jungen Frauen zulächelte, wie er sich bei Egles Anblick veränderte, aber seine Augen hatte er noch nie gesehen. Hans Haldor hatte große und gütige Augen. Man konnte diesen Augen trauen.

»Das Mädchen heißt Ilaria«, sagte Großvater Ramunas zu ihm, »der Name steht auf dem Armband.«

Hans Haldor nickte und nahm ihm das Kind ab.

»Was wird Egle dazu sagen?«, fragte der Fischerälteste leise und legte dem Jungen die Hand auf die Schulter.

Hans Haldor blickte auf das Mädchen herab. Ilaria war eingeschlafen. Sie atmete ruhig und rhythmisch. Ihre langen, dichten Wimpern lagen auf den von der Sonne verbrannten Wangen und sie verbreitete den Duft von Orangen.

»Ich weiß nicht«, sagte der Junge verlegen und schaute den Alten an, »mein Vater sagt, dass wir denen, die wir lieben, vertrauen sollen. Ist es nicht so, Großvater Ramunas?«

Brief aus der Weißweinflasche.
Gefunden am Ufer der Perlinsel.

»Er, der als Erster zu mir in mein Boot kam, war drei Jahre älter als ich. Er war groß, mit breiten Schultern und sprödem Haar. Ich war dreizehn, er sechzehn. Ich liebte ihn.

Er kam bei Sonnenuntergang. Davor hatte er nie ein Wort zu mir gesagt. Wir trafen uns beim Fischmarkt. Wenn ich an ihm vorbeiging, spürte ich, dass ich ihm nicht gleichgültig war. Er liebte mich.

Er kam und brachte mir in seinem aufgeschürzten Hemd Orangen. Mir hatte niemand davon erzählt, aber ich wusste, dass in dem Land, aus dem ich kam, Orangen erst mit den Handflächen zerdrückt, erweicht und dann geschält wurden. Er sagte, dass ich sehr hübsch sei, wenn ich mit einer Orange spiele. Er sagte, dass er ein unbezwingbares Verlangen nach mir verspüre, wenn meine Haut nach Orangen dufte.

Danach lag ich auf dem Bootsboden. Er zerdrückte die Orangen zwischen seinem und meinem Körper und küsste mich sehr vorsichtig auf die geöffneten Augen.

Als er in mich eingedrungen war, wuchs der Mond, wuchs und überdeckte den ganzen Himmel. Mir kam es vor, als ob meine Arme sich verlängert hätten und ich erst seine Schultern, dann den Rücken und die Hüften umarmte, und als ich sein Fußgelenk erreichte, wurde der Mond rund und berührte das Meer.

Vor Sonnenaufgang kehrten wir zum Ufer zurück. Als er aus dem Boot stieg, wusste ich bereits, dass er nie zurückkommen würde. So sah seine Liebe aus. Er hinterließ nicht einmal Fußabdrücke im Sand.

Bei Sonnenaufgang erreichte ich die Perlinsel. Ich verbrannte die Reste der Orangen, die er mir mitgebracht hatte, und vergaß für immer, wie der Junge hieß, der als Erster zu mir kam.«

*

Egle hatte Hans Haldor schon auserwählt, bevor der Junge den Rekord seines Großvaters gebrochen hatte. Sie entschied sich für ihn, als Hans Haldor eines frühen Morgens nach dem Training mit einem an seine Brust geschmiegten kleinen Mädchen im Arm in die Stadt zurückkehrte. Ungewöhnlich langsam ging er die Straße entlang und schloss das schwere Tor so vorsichtig wie nie zuvor. Egle hatte schon immer geahnt, dass ihr sympathischer Nachbar ein gutes Herz hatte, und auf ein Zeichen gewartet, das ihre Vermutungen untermauern würde. Sie brauchte keinen Rekorde überbietenden, Archipele bezwingenden Ehemann. Auch der Reichtum der Familie Alrikson interessierte sie nicht. Obwohl sie erst siebzehn Jahre alt war, war sich Egle sehr wohl bewusst, dass nichts Bestand hat außer den guten Taten, die man für andere tut, außer der Liebe, die man für die Menschen empfindet.

Am nächsten Morgen bei Sonnenaufgang betrat Egle aus eigenem Willen das Haus von Hans Haldor und blieb dort.

Sie heirateten an einem Novembersonntag am goldenen Ufer, dort, wo Hans Haldor das Boot von Ilaria gefunden hatte.

Brief aus der Rumflasche.
Gefunden am Ufer der Bernsteininsel.

»Der zweite war ein Matrose. Ich sah ihn an jenem Tag zum ersten Mal. Er schmeckte nach Salz und hatte starke Arme. Er kam, als ich in der Bucht die Fische fütterte. Er stieß mein Boot nur ein einziges Mal an und ließ es ins Meer gleiten. Breitbeinig stand ich auf dem Deck und schaute aufs Wasser. Als er mich zu sich drehte und ich seine tief sitzenden Augen, sein breites Gesicht und seine schweißbedeckte Stirn sah, war mir klar, dass in seinem Leben nie etwas Gutes geschehen war, dass das Einzige, was seinem Geist und seinem Körper Freude bereitete, das Auswerfen des Ankers im Hafen war. Er liebte das Meer nicht. Er liebte auch mich nicht.

›Wie alt bist du?‹, fragte er mich, noch bevor wir das Ufer erreichten. Ich antwortete nicht, ich wollte schlafen.

Als er schließlich von dannen zog, lenkte ich das Boot in den Pfad des Mondes und legte mich auf den Boden. Ich spürte nichts, mir taten nur die Oberschenkel weh.

Ich sah im Nachttraum, dass der Mann, der mich großgezogen hatte, ein Fisch war. Mein Vater war ein Fisch und zappelte im ausgetrockneten Flussbett. Das Flussbett war ein Teller und auf dem Teller lag mein Vater. Ich hielt in einer Hand ein Messer, in der anderen eine Gabel und nahm meinen in einen Fisch verwandelten Vater bei lebendigem Leib aus. Währenddessen sah er mich mit seinen farbenfrohen, lichterfüllten Augen an und ihm entwich kein einziger Vorwurf.

Die Bäume um uns herum trockneten in Windeseile aus. Sie trockneten aus, ließen sich Beine wachsen und flüchteten zum Horizont. Sie versuchten, sich zu retten. Doch ich wusste, dass es für sie keine Rettung gab. Eine Dürre hatte die Erde ausgebrannt.

Das Fleisch meines Vaters war wohlschmeckend und salzig, aber ich spürte keinen Durst. Das Wasser, nach dem sich alle sehnten, war ich selbst. Ich hätte alle um mich herum retten können, wollte aber nicht.«

*

Joakim kam Anfang Januar in den Ferien zu uns. Genau in jenem Jahr, als Ilaria achtzehn Jahre alt wurde. Jeden Abend ging er spazieren, ging durch die Magnolienallee und durch das Fischerviertel und kam in der goldenen Bucht an – dort, wo immer bei Mondaufgang ein Mädchen mit langem, schwarzem Haar und olivfarbenen Augen erschien. Joakim hatte bereits von ihr gehört. Man erzählte, dass sie hier vor vielen Jahren in einem Boot ans Ufer gespült worden war. Und nun verschwand sie nachts mit einheimischen oder von weither gereisten Männern in diesem Boot. Alle wussten, wie Ilaria lebte, aber man vermied es, offen darüber zu sprechen. Sie hatten Angst vor dem Mann, der Ilaria großgezogen hatte, diesem gütigen und tapferen Mann, der sein ganzes Leben lang versucht hatte, bis zur letzten Insel des Archipels der Neun Sonnen zu schwimmen.

Ilaria war hübsch. Joakim beobachtete sie von weitem und konnte nicht begreifen, was dieses lächelnde Mädchen mit den bunten Kleidern bei all den Taugenichtsen verloren hatte. Der Junge hatte gedacht, die Mädchen zu kennen, aber Ilarias Lächeln war zu rätselhaft, als dass man es wirklich hätte entschlüsseln können, und genau dieses Lächeln ließ Joakim keine Ruhe.

»Du läufst ihr vergeblich nach«, sagte eines Tages sein Gastgeber, Onkel Solomon, dem nicht verborgen geblieben war, dass Joakim immer das gleiche Buch mit zum Ufer nahm, während das Lesezeichen an seinem Platz blieb und stets zwischen den Seiten siebenundneunzig und achtundneunzig lag, »lass die Finger von ihr. Sie ist ein verdorbenes Mädchen.«

Joakim fühlte sich ertappt.

»Ich … Was hat Ilaria damit zu tun? Ich treffe mich mit einer anderen.«

»Es ist doch egal, mit wem du dich triffst, wenn du jeden Abend weggehst, um eine andere zu sehen.« Solomon zuckte mit den Schultern, seufzte und fügte hinzu: »Schade eigentlich, das Mädchen wurde von so guten Menschen großgezogen …«

Brief aus der Pfefferminzlimonadenflasche. Gefunden am Ufer der Smaragdinsel.

»Der Mann, der zu mir sagte, dass ich nur ihm gehören sollte und er mir dafür sehr viel Geld zahlen würde, hatte eine Frau und drei Kinder. Ich musste lachten. Er verstand nicht, dass ich noch nie mit jemandem wegen des Geldes geschlafen hatte. Ich suchte einfach jemanden, in den ich mich verlieben würde, so wie er sich in mich. Meine Liebe wäre so stark, dass sie mir die Kraft geben würde, zum Meeresboden hinabzusteigen. Seine Liebe wäre stark genug, um mich wieder ans Ufer zu bringen. Eine solche Liebe brauchte ich. Ansonsten könnte ich nicht überleben.

Ich sagte ihm, dass ich nichts wollte, was einer anderen gehörte. Und auch er sollte mich nicht haben wollen. Ich sagte ihm, dass seine drei Töchter einen Vater, der ihrer Mutter überdrüssig geworden war, nicht verdienten. Ich sagte ihm, dass ich sein Geld nicht brauchte, meine Familie hätte alles, ein riesiges Haus, Reichtum und auch die Orangengärten im Süden der Stadt, die für mich angelegt worden waren. Ich sagte ihm, dass er gehen müsste. Er verstand nichts, ging aber fort.

Ich sah im Nachttraum wieder eine Dürre. Ich träumte, dass meine Mutter kopfüber in der ausgetrockneten Allee hing. Die Frau, die mich großgezogen hatte, sowie die Kinder meiner Mutter und meines Vaters – meine Schwestern Rachel und Dorothea. Meine Mutter und meine Schwestern waren Fische und unter ihrem versengten Haar qualmte das verglimmende Feuer. Aus allen Himmelsrichtungen flogen Möwen herbei und hackten die Fische, meine Schwestern und meine Mutter, aus.

Und ich war das Wasser, das unter der Erde floss und nicht versuchte, an die Oberfläche zu kommen. Das Wasser, das die Menschen nicht mehr liebte.«

*

Ilaria saß auf dem Deck des Bootes und schaute aufs Meer. Der Abend nahte. Die zum Hafen fliegenden Möwen brachten den Wind von Westen mit.

Auf den Strand fiel ein Schatten.

»Möchtest du?«

Ilaria blickte auf. Joakim hielt einen gebratenen, in Blätter gewickelten Fisch in der Hand.

»Ich esse keinen Fisch.«

»Wie merkwürdig. Jeder hier isst Fisch.«

»Und es ist falsch. Man darf nicht diejenigen essen, mit denen man das Wasser teilt.«

Joakim setzte sich in den Sand.

»Isst du schon lange keinen Fisch mehr?«

»Ich habe noch nie welchen gegessen. Manchmal denke ich, dass ich selbst ein Fisch bin. Wie sollte ich ihn essen?«

Joakim musste lachen.

»Hier redet man viel über dich, aber das hat noch keiner erwähnt.«

Ilaria zog die Augenbrauen hoch.

»Was redet man denn so?«

»Man sagt, dass du die Männer in deinen Bann ziehst und ins Boot lockst.«

»Und wie locke ich sie?«

»Das weiß ich nicht.«

Ilaria stand auf und schaute auf Joakim herab.

»Du bist hergekommen, um zu erfahren, wie ich die Männer ins Boot locke?«

Joakim senkte den Kopf.

»Jeder Mann, der jemals seinen Fuß auf mein Boot gesetzt hat, ist aus eigenem Willen gekommen. Ich habe noch nie versucht, jemanden zu bezirzen, und erst recht zerre ich niemanden mit Gewalt irgendwohin. Ich bin kein Fischer, das sagte ich dir bereits.« Ilaria stand auf und nahm das Ruder.

»Kommst du mit?«, wandte sie sich an Joakim. »Ich fahre dich bloß spazieren.«

Der Junge zögerte. Ilaria lachte laut.

»Ich weiß, mit wem du dich triffst«, sagte sie, neigte sich vom Boot aus nach vorne und brachte ihr Gesicht sehr nah an Joakims, sodass er erst ihren schnelleren Atem und dann den Orangenduft ihrer Haut spürte, »ich weiß, dass es für sie schwierig sein wird zu glauben, dass du nur in mein Boot gestiegen bist, um den Sonnenuntergang zu beobachten, aber der Mann, der mich großgezogen hat, sagt, dass man denen, die man liebt, vertrauen muss. Ist es nicht so?«

Brief aus der Absinth-Flasche.
Gefunden am Ufer der Saphirinsel.

»Weder ich selbst noch irgendjemand anderes hätte je gedacht, dass ich einmal jemanden in mein Boot setzen würde, um ihn einfach nur spazieren zu fahren. Ich mag diesen

Jungen. Seine Augen sind so klar wie der Nordhimmel bei Sonnenaufgang. Ich mag, dass er immer liest. Ich glaube, dass Menschen, die viel lesen, bessere Menschen sind. Vielleicht liege ich falsch.

Der Mann, der am Ufer auf mich wartete, als ich Joakim der Erde zurückgab, war ein fast vertrockneter Baum mit spröden Ästen und verdorrten Wurzeln, der nie mehr Früchte tragen würde. Ich sah im Nachttraum, wie ich ihn ausgrub, zerhackte und ins Feuer warf. Das Feuer, dessen Name Hass war, brannte sehr lange. Die Menschen kamen und wärmten ihre Hände an dem von mir in der Dürre entfachten Feuer, denn ihr Anteil am Hass reichte ihnen nicht aus, sie forderten mehr.

Und ich war das Wasser, das sich in eine Pfütze verwandelt hatte.«

*

Hans Haldor starb, bevor er das Ziel seines Großvaters, Hans Haldor des Älteren, bis zum Ende des Archipels der Neun Sonnen zu schwimmen, erreichen konnte. Er ertrank eines Morgens vor Sonnenaufgang am Ufer der Granitinsel. Genau dort spülte das Meer seine Leiche an Land.

»Ihr hättet das Mädchen nicht mit nach Hause nehmen sollen. Alle haben es damals deinem Mann gesagt. Alles ist ihre Schuld.« In den Worten der Nachbarin, die neben Egle saß, war kein Hauch von Mitleid zu hören.

»Hör auf, Eleonor!«, sagte Egle leise, aber streng. »Ilaria ist unser Kind, genauso wie Dorothea und Rachel.«

»Du weißt doch selbst, dass es nicht so ist. Wirf dieses Mädchen aus dem Haus, Egle, wirf sie hinaus, und das Glück kehrt wieder unter dein Dach zurück. Die ganze Stadt spricht über sie!«

Ilaria, die an der Tür horchte, hatte Mitleid mit der Mutter, der Frau, die sie großgezogen hatte, ohne ihr ein einziges böses Wort zu sagen. Auch die Schwestern taten ihr leid, die jeden Morgen zu ihrem Boot kamen und sie baten, nach Hause zurückzukehren, bevor die Eltern erwachten. Sie hatte Mitleid mit dem Vater, der sich der Erfüllung seines Traumes geopfert hatte und nun mit zusammengebundenen Füßen und Händen auf dem Stadtfriedhof unter der Erde lag. Es war eine Tradition, dass man Ertrunkene mit zusammengebundenen Füßen und Händen beerdigte, damit sie im anderen Leben nicht wagten zu schwimmen. Ilaria wurde klar, dass sie vor allem deshalb Mitleid mit ihrem Vater hatte, dem Mann, dessen sonnenverbrannte Arme sie vor langer Zeit vor dem Tod bewahrt hatten.

In jener Nacht verließ Ilaria das Haus für immer. Sie ging mit einem weißen Nachthemd bekleidet. Etwas anderes nahm sie nicht mit. Sie ging barfuß durch die Stadt und gelangte zum goldenen Ufer. Obwohl nur der Mond die Straßen der trauernden Stadt beleuchtete, blieb den Nachbarn Ilarias Fortgehen nicht verborgen. Sie, die Allwissenden, wussten auch, dass sie nie mehr zurückkehren würde in das Haus, in das Hans Haldor – der Vater, den Ilaria verloren hatte – sie einst gebracht hatte.

In der Bucht stand Joakim am Boot und wartete auf sie.

»Dein Platz ist nicht hier«, sagte Ilaria zu ihm.

»Warum sagst du das?«

»Du musst bei der sein, die du liebst.«

»Ich bin bei der, die ich liebe.«

Ilarias rechter Mundwinkel zuckte. Ein anderer hätte es vielleicht für ein Lächeln gehalten, aber Joakim wusste, dass Ilarias Lächeln anders war, breit und lichterfüllt wie die Sonne des Südens.

»Du bist ein Lügner«, sagte das Mädchen leise, drehte sich um und verschwand im Wasser.

Brief aus der Essigflasche.
Gefunden am Ufer der Granitinsel.

»Der Mann, der mich erbarmungslos zusammenschlug, wohnte in unserer Straße. Ich sah ihn täglich. Er kam öfters zu Vater, um sich von ihm Geld zu leihen. Er war Schreiner. Wir legten Vater in einen von diesem gezimmerten Sarg und beerdigten ihn darin. Der Schreiner stieg in jener Nacht in mein Boot, als ich mein Zuhause verließ. Seine Hände rochen nach Tod, auch wenn sie mich streichelten. Ich sah seine blutunterlaufenen Augen, seinen offenen Mund, spürte den unerträglichen Geruch, den auf mein Gesicht tropfenden Schweiß und Speichel, und hörte seine Worte, dass ich ihn enttäusche, dass ich in Wirklichkeit nichts Besonderes könne.

Als er an Land ging und mich mit blaugeschlagenen Augen, geplatzten Lippen und zerquetschten Rippen im Boot zurückließ, begriff ich, dass es ab sofort nur noch schlimmer kommen könne, denn ich hatte keinen Vater mehr, dessen Existenz, wie es sich herausstellte, mich geschützt hatte, ohne dass ich selbst etwas davon wusste.

Ich sah im Nachttraum, dass ich zum Meeresboden glitt und nichts sehen konnte. Alles war dunkelblau und finster. Ich schwamm trotzdem in die Tiefe und glaubte fest daran, dass ich dort etwas finden müsste, ohne zu wissen, was das sein könnte.

Dort, zwischen den Wellen, wo sich die vor den Fischerbooten schützenden Fischschwärme versammelten, trieb mein Vater Richtung Sonne. Seine Hände und Füße waren zusammengebunden, er atmete ruhig, als ob er in der Hängematte in unserem Orangengarten liegen und zum Himmel blicken würde.

›Vater!‹, rief ich und schwamm auf ihn zu. Ich schwamm, doch obwohl er sich nicht von der Stelle bewegte, konnte ich ihn nicht erreichen. Ich wollte seine Hände und Füße losbinden, damit er fortschwimmen konnte. Damit er zumindest im anderen Leben die letzte Insel des Archipels erreichen konnte.

›Das, was du suchst, wirst du nicht finden, Ilaria‹, hörte ich seine Stimme. Ich sah ihn an, seine Lippen bewegten sich nicht: ›Jeder hat sein Kreuz zu tragen. Dein Kreuz besteht darin, dass du nie finden wirst, wonach du suchst.‹

Ich schwamm mit aller Kraft, schaffte es aber nicht, mich ihm auch nur ein winziges Bisschen zu nähern.

›Hab keine Angst, Ilaria. Gerade dadurch sind wir einander nah‹, sagte die Stimme meines Vaters.

Ich weinte. Und ich war das Wasser, das in den Körper meines Vaters hineinfloss.«

*

Es war gegen Mitternacht, als drei dünne Gestalten den Abhang hinaufstiegen. Vorne lief Ilaria, die Schwestern folgten ihr. Sie setzten die Füße so vorsichtig auf die Erde, als ob sie diese nicht wecken wollten.

Am fernen Horizont waren bereits die ersten Sonnenstrahlen zu sehen, als Rachels Schaufel auf Holz traf. Die Mädchen zerrten den Sarg mit Mühe nach oben, säuberten ihn vom Sand und öffneten den Deckel. Hans Haldors Körper war noch nicht verwest. Die sorgfältig zusammengebundenen Hände lagen genauso auf seiner Brust wie einst beim Mittagsnickerchen auf der Veranda.

Ilaria klappte das Messer auf und durchtrennte die um seine Hände und Füße gewickelten Seile.

»Schwimm ruhig, Vater«, sagte sie leise, »mögen alle Wasser deinen Armen gehorchen! Jede Flut und jede Ebbe sei leicht für deinen Körper. Das Meer werde zu deinem Zuhause, dunkelblau wie deine Nachtträume, grenzenlos wie dein gütiges Herz. Hab keine Angst, du und ich sind einander sehr nah.«

Brief aus der Rotweinflasche.
Gefunden am Ufer der Malachitinsel.

»Ich verlor die Kraft. Ich spürte den eigenen Körper nicht mehr. Auch meine Nachtträume verwilderten. In unserer Stadt, wo die Menschen vor langer Zeit einander vergessen hatten, wartete auf mich keine Reise zum Meeresgrund im Namen der Liebe. Mich hätte nichts mehr zurückgebracht.

An jenem Abend, als der Herbst hereinspazierte und die Hafenmöwen gen Süden zogen, kam Joakim zu mir. Er besuchte mich öfters, setzte sich in mein Boot und redete mit mir über tausend verschiedene Sachen. Manchmal sagte er, dass er mich liebte. Er sagte, dass es möglich sei, zwei Frauen gleichzeitig zu vergöttern und beiden gegenüber ehrlich zu sein. Aber ich wusste, dass Männer vieles sagen, um sich selbst zu belügen, also glaubte ich ihm nicht.

Ja, Joakim besuchte mich häufiger, doch seine Besuche hatten wenig mit denen der anderen gemeinsam. Seine Haut roch anders. Dies war mein Duft. Diesen Jungen, der nach Süden roch, liebte ich mehr als all die anderen, aber doch nicht vollständig, denn ich konnte nicht eine Hälfte von ihm vollständig lieben und die andere Hälfte, die einer anderen Frau gehörte, ignorieren.

An jenem Abend kam der ganze Joakim zu mir. Er nahm mich hoch und legte mich ins Boot. Mein bodenlanges Haar bedeckten uns beide. Unter meinem Haar war es heiß und unter meinem Boot kochte das Wasser auf.

Sein Eindringen ähnelte dem Zusammenstoß vom Süß- und Salzwasser. Er war der Fluss, der sein Flussbett verließ und meine Abgründe füllte. Als ich für eine Sekunde die

Augen schloss, spürte ich, wie unter meinen Augenlidern alle Sterne aufleuchteten. Und ich glaubte daran, dass es mir im Morgengrauen gelingen würde, bis zum Meeresgrund hinabzutauchen, doch als ich die Augen öffnete, sah ich, dass Joakim wieder zwei Gesichter hatte und dass das Gesicht, das mir gehörte, mit dem Sonnenaufgang mehr und mehr verblasste. Sobald wir das Ufer erreichten, würde er fortgehen. Und wie sollte ich dann weiterleben?

In jener Nacht sah ich keinen Traum. Ich wusste bereits alles. Ich war das Meer, das ausgetrocknet war.«

*

Ilaria verschwand Ende Juni. Ihr Boot entfernte sich eines Abends, wie gewöhnlich, vom Ufer und kam nie zurück. Ihre Leiche fand man Anfang Juli. Das Meer hatte sie in die goldene Bucht gespült. Jemand hatte ihr mehrere Stichwunden zugefügt. Die Stadt tat bloß einen Seufzer – »Was hat sie anderes erwartet?« – und setzte unbeeindruckt ihr Leben fort. Niemand machte sich die Mühe, den Mord aufzuklären.

»Bei dem Leben, das Ihre Tochter geführt hat, gnädige Frau, wissen wir nicht einmal, wo wir mit der Suche anfangen sollen«, sagte der Polizeichef zu Egle, »Sie hätten sich rechtzeitig Gedanken um sie machen sollen.«

Die Akte wurde geschlossen.

Die Mutter und die Schwestern begruben Ilaria bei Sonnenuntergang im Orangenhain. Niemand kam, um von ihr Abschied zu nehmen.

Am nächsten Tag begann die Dürre.

Helena

»Helena, rühr den Zucker gut um! Vergiss die Sauerkirsch-
essenz nicht! Nein, nicht so. Rühr richtigherum, eine Sache
verkehrtherum zu machen, ist verboten!« Durch die offenen Fenster war die Stimme von Tante Adela zu hören. Der
Duft von geröstetem Zucker und Sauerkirschen vermeng-
te sich mit der Maibrise und zog über die Cafés, die bunten
Attraktionen und jahrhundertealten Pflastersteine auf dem
Hauptplatz der Stadt.

»Helena, mach alle Fensterläden auf, lass die Sonne he-
reinscheinen! Teig liebt Sonne, zieh die Gardinen zur Seite!
Mit bloßen Händen erreichst du sie nicht, nimm einen
Stock!« Tante Adela war jetzt richtig in Fahrt und gab dem
sorgfältig gekneteten Teig seine Form.

Niemand erinnerte sich, wann genau die Malewskis sich
hier neben dem Hauptplatz der Stadt niedergelassen hatten. Niemand konnte mit Sicherheit sagen, was zuerst da
war: die Stadt oder das grüne Haus der Malewskis mit seinen bunten Fensterläden, das nach Sauerkirschen, Zitronen
und Berberitzen roch. Auf seinem Dach war eine Wetterfahne befestigt, die nach der Tradition der alten Meeresstadt
einen aus dem Wasser springenden Fisch darstellte.

Die berühmte Konditorei »Der rote Krake« hatte einst
der erste Malewski eröffnet, mit dessen Namen in der Stadt
die Legende um den Hausbau verknüpft war. Vor langer Zeit
begann er, knusprige Brötchen in Form eines Kraken zu
backen, und befestigte bald ein Schild am Café. Seit jenem
Tag waren das Café und die Bäckerei nur ein einziges Mal

geschlossen – als der Krieg ausbrach und die feindliche Armee auf dem Hauptplatz der Stadt ein Feuer aus lebendigen Menschen entfachte. Damals verriegelten die Malewskis die bunten Fensterläden sorgfältig, brachten einige Öfen in den Keller, griffen zum Mehlvorrat und begannen, Brot zu backen. Sie buken Tag und Nacht, sie buken pausenlos, ihre Augen füllten sich mit Mehl, sie atmeten das Mehl ein und niesten, sie buken und ernährten die Stadt, sie buken so lange, bis eines Tages der zum Beschaffen der Hefe durch den Geheimgang herausgeschleuste Helfer die Neuigkeit brachte, dass der Krieg vorbei war.

Jeder in der Stadt liebte die Malewskis. Es gab keinen Anwohner und keinen Gast, der ihre Brötchen, Kuchen, Lutschbonbons in Form von Meereswesen und ihren Milchlikör nicht probiert hätte. Sie gaben die Familienrezepte von Generation zu Generation mündlich weiter, sie schrieben sie nirgendwo auf, damit niemand sie zu sehen bekam. Man sagte, das Wiegenlied der Malewskis sei eine lange, aus vielen Geschichten bestehende Ballade über Geschmäcker und Gerüche, die den Babys üblicherweise von den Tanten vorgesungen wurde und für dreihundertfünfundsechzig lange Nächte reichte. Und im Alter von einem Jahr, wenn das Wiegenlied zu Ende war, kannte jeder Malewski bereits das ganze Geheimnis seines Stammes, hieß es. Außerdem war jeder von ihnen verpflichtet, den Familienrezepten etwas Neues hinzuzufügen. So sah der Kreis der eigenen Erneuerung aus, in dem sich die Malewskis seit Jahrhunderten fortwährend bewegten, bis eines Tages der neugeborene Jakub Malewski, Helenas Vater, das Wiegenlied seiner Tante mit einem nicht enden wollenden Weinen unterbrach. Er schlief seitdem nie mehr zu den Stammesballaden ein. Die Familienmitglieder erkannten, dass Jakub eine Ausnahme war. Der Junge interessierte sich weder für die Geheimnisse des Berberitzen-, Zitronen- und Kirschbaumanbaus noch für die Rezepte oder den Umgang mit den Stammgästen der Konditorei. Jakub war ein anderer. Ein anderer, der dazu bestimmt zu sein schien, den ewigen Kreislauf zu durchbrechen. Die Malewskis waren fest davon überzeugt, dass man die Liebe zu etwas von keinem Menschen erzwingen kann. Obwohl die Familie nicht groß war und Jakubs fremde Interessen eine ernsthafte Bedrohung ihrer jahrhundertealten Traditionen darstellten, ließ man den Jungen in Ruhe und trug das Ganze seiner Schwester Adela auf.

Auch mit der finanziellen Situation der Familie war Jakub nicht zufrieden. Er war seit seiner Kindheit reich und verwöhnt, wollte aber mehr, daher versuchte er sich in vielen für die Malewskis ungewohnten und unverständlichen Geschäften, von denen keines irgendwelche Früchte trug.

In dem Jahr, als Helena achtzehn Jahre alt wurde, beschloss Jakub, sein Geld durch Holzverarbeitung und Export zu verdienen, und begann, von allen unbemerkt, den Wald abzuholzen, der an den Berberitzengarten der Malewskis grenzte.

*

Dass Helena kein gewöhnliches Mädchen war, erkannte Tante Adela schon, als sie ihre wenige Minuten alte Nichte auf den Arm nahm und erst das Neugeborene ansah, dann zum Himmel aufblickte. Direkt über den Köpfen der beiden hatten sich die Sterne versammelt und leuchteten wie frisch gestreute Zuckerkörnchen im Bitterschokoladenteig.

»Schau!«, sagte Tante Adela zu ihrer Schwiegertochter. »Aus unserem Mädchen wird einmal eine richtige Hexe.«

Jedes Jahr zu Helenas Geburtstag kamen die Sterne um Mitternacht zu ihr und versammelten sich an jenem Punkt des Himmels, der auf Helenas blonden Kopf hinabblickte. Jedes Jahr an ihrem Geburtstag ging Helena aus dem Haus mit einer Handvoll Zucker und einer Handvoll Mehl. Sie ging dorthin, wo der grüne Fluss sich mit dem Meer vereinte, und stellte sich bis zur Taille ins Wasser, genau an der Stelle, wo sich die Wellen des Flusses mit denen des Meeres mischten. Wenn sie sich auf den Rückweg machte, wusste Helena, wie das Jahr bis zu ihrem nächsten Geburtstag verlaufen würde – Zucker und Mehl, aufgelöst zwischen zwei Wassern, verrieten es ihr, die eher einer Ballerina glich als der letzten Hüterin des Geheimnisses jahrhundertealter Rezepte.

Die von Helena gebackenen Brötchen rochen anders, die von ihr gefertigten bunten Zuckerbonbons schmeckten anders. Die Gäste sagten oft, dass sogar der Kaffee, den Helena ausgeschenkte, eine andere Wirkung hatte. In den frühen Morgenstunden, bevor sie mit dem Backen anfing, ging Helena in den Keller, dorthin, wo ihre Urgroßeltern während des Krieges genug Brot für die ganze Stadt gebacken hatten, öffnete außergewöhnlich behutsam zwei Säcke, Zucker und Mehl, steckte die rechte Hand in den Zucker, die linke ins Mehl und schloss die Augen.

Wenn Helena aus dem Keller heraufstieg, stand bereits eine Schlange vor der Bäckerei. Die ganze Stadt wusste, dass Helena Malewska jenes Mädchen war, dem von Geburt an eine Sternenschar folgte, und dass keine andere, niemand auf der ganzen Welt, schmackhaftere Hände hatte als sie.

*

Der Fremde trank einen Milchkaffee und schaute auf die Straße. Auf dem Tisch lagen ein aufgeschlagenes Buch und eine Zigarettenschachtel. Helena, die in der halboffenen Küchentür stand, konnte hinter den Tischen nur seinen Nacken, die Schultern und das Haar sehen, manchmal noch die Finger, die ab und zu durch sein weizenblondes Haar glitten.

Für Helena reichte schon der Nacken aus, um einen Mann zu mögen. Um sie herum verstand niemand, was sie meinte, wenn sie sagte: »Er hat einen furchtbaren Nacken«, womit für sie jede Diskussion beendet war. Aber der Fremde, den Helena beobachtete, seit sie die Frühstücksbrötchen auf der Theke abgestellt hatte, hatte einen solch gepflegten, schön rasierten Nacken, der über dem karierten Hemd hervorschaute, dass das Mädchen ein unüberwindbares Verlangen spürte, ihn zu küssen.

»Was hat er bestellt?«, fragte Helena die Helferin und zeigte auf den Fremden.

»Einen Milchkaffee, mehr nicht.«

Helena lachte.

»Ich mag es nicht, wenn Männer schlecht frühstücken«, sagte sie bedeutungsvoll, »bringen Sie ihm den Berberitzenkuchen und Wasser mit Honig und Zitrone. Ich bereite es selbst zu.«

Während die Helferin den erstaunten Fremden bediente, stand Helena hinter dem bunten Fensterladen und wandte ihren Blick nicht von seinen geraden Schultern, den schmalen Händen, den bis zum Ellenbogen gekrempelten Ärmeln ab, sie beobachtete, wie sich das mit der gelben Flüssigkeit gefüllte Glas in seinen Fingern bewegte. Helena wartete, dass der Gast den kleinen, halb unter dem Kuchenteller versteckten Zettel finden würde.

Der Fremde blickte auf das Tablett, zog den Zettel unter dem Teller hervor und hielt ihn dicht vor seine Augen. Auf dem Zettel stand, mit roter Tinte gekritzelt: »Hast du jemals das Blühen der Berberitze gesehen?«

Der Gast drehte sich um und Helena sah zum ersten Mal sein Gesicht und die lichterfüllten Augen.

Er kam auch am nächsten Tag, in den frühen Morgenstunden, noch bevor die Gastgeberin mit dem Backen fertig war, und reihte sich in die Schlange ein. Als Helena die

Fensterläden öffnete, sah sie, dass der Fremde wieder am gleichen Platz, am kleinen Tisch saß wie am Tag zuvor, vor sich ein Glas Wasser und ein aufgeschlagenes Buch. Als Helena näherkam, hob der Fremde seinen Kopf und sagte: »Nein, ich hab es nie gesehen.«

Helena lächelte und reichte ihm die Hand: »Helena.«

»Joakim.«

*

Helenas Nächte dufteten nach Zitronen, Sauerkirschen und Berberitzen, und wenn sie in ihrem rosafarbenen, fast durchsichtigen Kleid durch den Garten ging, dachte Joakim, dass in Wirklichkeit Helena das größte Geheimnis war, das je in Malewskis Stammbaum existiert hatte, ein Geheimnis, das nicht durch ein Lied von einer Generation zur anderen weitergegeben werden konnte, denn eine zweite Helena würde nie geboren werden.

Abends färbte Helena sich die Lippen mit Berberitzen. Von allen Früchten liebte sie Berberitzen am meisten und genau aus dieser Frucht wollte sie das Getränk zubereiten, das in den Stammeslegenden unter ihrem Namen seinen Platz finden sollte.

»Es ist besser, es mit Süßigkeiten zu versuchen«, riet ihr Tante Adela, »ein Getränk ist nichts für eine Frau. Keine einzige Frau unter unseren Ahnen hat je ein Getränkerezept hinterlassen.«

Die Bemerkungen der Tante beachtete Helena gar nicht. Das Rezept war fast fertig, aber sie spürte, dass dem Geschmack bis zur Vollkommenheit noch etwas fehlte, weshalb sie sich mit der öffentlichen Degustation nicht sonderlich beeilte.

»Schau«, sagte sie zu Joakim und hielt ihm den mit einer bunten Flüssigkeit gefüllten Behälter vor seine Nase, »hier ist die Berberitze das Wichtigste. Dazu kommt noch ein wenig Zitrone. Ich denke noch über die Sauerkirsche nach, ich kann mich nicht entscheiden, ob sie passt oder nicht. Ein wenig Karamell, ein wenig Kondensmilch. Und natürlich Alkohol. Alles muss dann gut miteinander vermischt werden.«

Joakim lag im Schatten eines Baumes in Malewskis Garten und betrachtete Helena lächelnd, die neben seinen Füßen kniete und mit Begeisterung über ihre Kreation sprach.

»Die Dosis spielt keine entscheidende Rolle. Jeder bereitet es so zu, wie er lebt. Derjenige, der nach dem Glück strebt, bevorzugt viel Karamell, manchmal zu viel, aber so ist nun mal die menschliche Natur, man misst alles auf der Welt mit eigenen Maßstäben. Derjenige, dessen glücklichen Lebenstagen immer ein leicht bitterer Beigeschmack eigen war, vergisst niemals die Zitrone. Und diejenigen, deren Nächte weiß und deren Tage noch weißer sind, verwenden Kaffeearoma, damit ihre Augen nicht noch mehr verblassen. Stabile Menschen – sie übertreiben nie, weder in der Liebe noch im Hass – mögen den Geschmack der Äpfel. Hast du das bemerkt?«

Helenas Augen leuchteten. Joakim liebte nichts mehr, als wenn Helena glücklich war und wenn sie an ihrem Geburtstag lächelnd die Sterne zusammenrief, damit sie sich über ihren Kopf versammelten.

»Wer mag die Berberitze?«, fragte Joakim sie zum hundertsten Mal.

Helena griff nach dem Berberitzenzweig, zog ihn zum Mund herab und zerquetschte die reife Frucht mit den leuchtend weißen Zähnen.

»Die Berberitze ist eine merkwürdige Frucht«, sagte sie dann, »es lieben sie die Mädchen, die das Wechselspiel der Geschmäcker suchen; die, die sich wünschen, die angesammelte Süße und Säure in ihrem Mund im Wasser zu verdünnen; die die Nachtträume suchen, von denen man nur die Gefühle und keine Erinnerung behält; die auf der Suche sind nach einem Leben, das mehr ist als bloße Alltäglichkeit. Ich liebe die Berberitze und ich werde daraus ein zauberhaftes Getränk erschaffen.«

Am Ende streckte sie sich, rollte eine noch ganze Berberitze von ihrer Zunge auf Joakims Zunge und fügte leise hinzu:»Man sagt, das sei keine Sache für eine Frau, aber der Gedanke an die Berberitze lässt mich nicht los. Und du wirst mir helfen, die Zutat, die mir noch fehlt, zu finden.«

*

Im Unterschied zu allen anderen Geschäften, die Jakub Malewski bisher begonnen hatte, entpuppte sich das Geschäft mit den Wäldern als sehr lukrativ. Als der Wald im Osten der Stadt, hinter dem Berberitzenhain der Malewskis, spürbar gelichtet war, erfuhren alle, was dort vor sich ging. Unter den Leuten brach große Verwirrung aus, begleitet von viel Klatsch und Tratsch. Einige sagten, dass Jakub in einer anderen Stadt eine Geliebte hätte und mit ihr die Flucht ins Ausland plante; andere behaupteten, dass die Bäckerei vor einer Pleite stünde und Jakub versuchte, sie zu retten – denn wie könnte er sonst die Bäume grundlos abholzen? – und manche erklärten sein Handeln einfach mit seiner unstillbaren Gier. Und es gab die, deren Habsucht durch Jakubs Geschäft angefacht wurde, die sich nun ermutigt fühlten und selbst damit begannen, Wälder abzuholzen.

Helena schämte sich für die Taten ihres Vaters in Grund und Boden. Das von ihr gebackene Brot verlor seine Weichheit, die Brötchen ihre Süße. Eines Morgens hörte die Helferin, die zufällig an der Kellertür stand, wie Helena während ihres morgendlichen Rituals weinte, und machte vorsichtig die Tür auf. Helena saß betrübt zwischen zwei geöffneten Säcken, ihre Hände lagen auf ihren Knien und die Tränen, die aus ihren Augen rannen, befeuchteten links das Mehl und rechts den Zucker.

Abends schloss Helena sich oft in dem kleinen Labor ein, das im Garten eingerichtet war, und versuchte, sich auf die Zubereitung des Getränks zu konzentrieren, aber es gelang ihr nicht. Das Mädchen bemerkte, dass der Geschmack der Früchte sich verändert hatte. Die Berberitzen, die der Schatten des zur Hälfte abgeholzten Waldes nicht mehr zu erreichen vermochte, verloren an Aroma und Farbe. Es war nicht mehr genügend Luft für die Frucht vorhanden.

Eines Tages fand Helena viel zu früh herabgefallene Blätter und vertrocknete Äste im Garten und ein schreckliches Gefühl der Ohnmacht raubte ihr die letzte Kraft. Der Vater begriff nicht, dass das Ganze nicht spurlos ablaufen würde, er begriff nicht, dass das, was er tat, schreckliche Folgen nach sich ziehen würde. Helena lief in ihrem geliebten Garten auf und ab und wusste, dass sie die Erste war, der Jakub Malewski die Wurzeln gekappt hatte.

Helena entschloss sich, weitere Bewässerungskanäle zu verlegen und die Pflanzen selbst zu versorgen. Morgens, bevor sie mit dem Backen begann, ging sie in den Garten. Um Mitternacht, sobald sie die Bäckerei zugemacht hatte, ging sie wieder in den Garten und wartete dort, wo einmal der von ihrem Vater gerodete Wald gewesen war, auf Joakim.

Das Grün um die Stadt herum wurde mit solcher Geschwindigkeit zerstört, dass die Menschen in Panik gerieten. Die Luft roch nach einem Unglück, das jeder wahrnahm, aber niemand mehr aufhalten konnte. Helena versuchte mehrmals, mit ihrem Vater zu reden, doch vergebens. Jakub hörte nicht auf seine Tochter, mehr noch, er kam gar nicht mehr nach Hause.

»Er existiert für uns nicht mehr«, sagte Tante Adela eines Tages, »der Mann, der die Erde verkauft, in der er begraben werden muss, der den Baum verkauft, mit dem er begraben werden muss, ist ein Niemand. Und in unserer Familie ist kein Platz für einen Niemand.«

Helena seufzte.

»Bitte rühre das Kompott richtigherum, Helena«, ermahnte Tante Adela sie wie gewohnt, »es reicht, wenn dein Vater die falsche Richtung einschlägt.«

*

Joakim benahm sich mit der Zeit seltsam. Abends verschwand er in eine unbekannte Richtung und kam erst spät in der Nacht zu Helenas Garten zurück.

»Wonach schmeckst du?« Helena wurde unruhig, berührte seine Zunge mit ihrer, dann schmeckte sie Joakims Speichel mit geschlossenen Augen. »Sag mir, von wem hast du diesen Geschmack mitgebracht? Woher hast du so viel Säure und Süße?«

Joakim sagte kein Wort. Er wollte Helena eines schönen Tages heiraten und hatte nicht vor, alles zu zerstören. Er nahm ihr Gesicht in beide Hände und küsste sie so lange, bis ihre Eifersucht vergangen war und sie, einem Fluss gleich, in seine Arme floss.

»Lüg mich nicht an«, sagte Helena, »du siehst doch, dass die Erde sowieso schon im Sterben liegt, alles trocknet aus. Belüg mich nicht, sonst werden auch wir nicht überleben.«

»Ich belüge dich nicht«, antwortete Joakim und atmete tief den Duft der Berberitze aus Helenas Haar ein.

Er log tatsächlich nicht. Aber er sagte auch nicht die Wahrheit. Er verhielt sich so, wie sich innerlich gespaltene Männer verhalten.

»Ich habe das Gefühl, dass das Meer bei dir eingezogen ist«, Helena wollte nicht aufhören, sie legte den Kopf zurück und versuchte, den merkwürdigen Geschmack in ihrem Mund zu neutralisieren, »das Meer muss an seinem Platz bleiben, bring es nicht zu mir, lass mich nicht alleine mit ihm. Es wird schwer für mich sein …«

»Lass den Quatsch!« Mit gespieltem Lachen versuchte Joakim, sie zum Schweigen zu bringen. »Du warst doch nie so eifersüchtig!«

Helenas geschlossene Augen ähnelten Halbmonden.

»Sag, wer ist jenes Mädchen, sag, wer ist sie …«

*

Das Atmen war schwer geworden in der Stadt. Die Alten beobachteten besorgt den Himmel, während das Meer Tag für Tag stürmischer wurde und sich die Wellen um den Archipel zusammenzogen.

»Es wird kein ruhiger Sommer«, sagte eines Abends Tante Adela, »in der Stadt ist kein einziger Baum mehr übrig. Es regnet auch nicht mehr. Alles hat seinen Geschmack verloren.«

Helena schloss die Ofentür, wischte den Tisch ab und setzte sich hin.

»Warst du zufällig in der Bernsteinbucht?«, fragte sie die Tante.

»Ja, war ich. Es gibt keine guten Neuigkeiten. Man sagt, dass das Meer erzürnt ist und sich zurückzieht. Keiner weiß, wann die Erde sterben wird.«

»Gibt es keinen Ausweg?«

»Man sagt, dass es in der Stadt ein Mädchen gibt, das weiß, was zu tun ist, wenn die Mitte des Sommers erreicht ist und die Dürre die Oberhand über Himmel und Erde gewinnt. Meer und Erde werden ihr Opfer annehmen, wenn das

Mädchen es wagt, ihr eigenes Leben zu geben, um die anderen zu retten.«

»Was denkst du?«

»Ich weiß nicht, Helena. Ich habe es lange nicht mehr erlebt, dass Menschen für andere etwas aufgegeben hätten. Ich bezweifle sogar, dass unsere Vorfahren während des Krieges tatsächlich das Brot im Keller gebacken haben. Ich habe keine besonders gute Meinung von den Menschen, aber ich will nicht, dass du mir darin gleichst. Wenn man den Menschen nicht mehr vertrauen kann, ist das Leben zu Ende.«

»Aber du liebst doch das Leben«, lächelte Helena.

»Ja, ich liebe es«, nickte Adela, »ich liebe es, weil es immer noch einen Menschen gibt, dem ich vertraue. Dieser Mensch bist du.«

*

Helena stand leichenblass am Tisch und starrte auf die Flasche, die sie in der zitternden Hand hielt. Die Berberitzen hinter ihr waren am Vertrocknen. Joakim näherte sich dem Mädchen vorsichtig. Helena, mit zerzausten Haaren und vom Weinen geschwollenen Augen, drehte sich nicht zu ihm.

»Mir tun die Knochen weh«, sagte sie leise, »sie tun mir schrecklich weh, jeden Abend, wenn du zu ihr gehst – zu dem Mädchen, das im Boot lebt, zu dem Mädchen, mit dem ich als Kind gespielt habe.«

»Es ist eine Lüge … Wer hat dir das erzählt …«

»Meine Knochen haben es mir gesagt, meine Knochen. Du wirst es nicht verstehen, du wirst es nie verstehen, wie es ist, wenn man dir fremdgeht und dein ganzer Körper dir wehtut, wenn er zerbricht, auseinanderfällt und du weißt, dass du niemals wieder vollständig sein wirst … Liebe, die eine Lüge ist, ist sinnlos. Liebe, die du mit jemandem teilen musst, ist sinnlos.«

Helena fiel das Atmen schwer, aus ihren Augen rannen Tränen. Ihre Worte waren brüchig und kaum hörbar.

»Ich, die dem Brot das Gefühl und dem Zucker den Geist verlieh, um das Gleichgewicht der Stadt zu bewahren, und demjenigen, der nach Standhaftigkeit strebte, die Liebe beigab, denjenigen, für den Glück das Wichtigste war, stärker machte, wurde von dir betrogen. Du hast mich betrogen und mir die Gabe geraubt, den Menschen das zu schenken, was sie nicht immer suchen, aber dennoch brauchen. Du hast mich – die immer selbst den Geschmack ihres Lebens auswählte – in das verwandelt, was ich nie war, und du hast meinem Körper das Blut und den Speichel einer anderen Frau beigemischt, der Frau, mit der ich vor langer Zeit die Früchte aus meinem Korb teilte.«

Joakim stand regungslos. Er wusste, dass es keinen Sinn mehr hatte, auch nur ein Wort zu sagen oder einen Schritt zu tun.

Helenas Haut verblasste in Sekundenschnelle und ihre Augen ähnelten mehr und mehr den von Nordlichtern erhellten weißen Nächten.

»Ich hätte wissen sollen, dass man dir nicht trauen darf. Ich hätte wissen sollen, dass Männer, die sich ohne Salz und Pfeffer, von rohem Gemüse und halbblutigem Fleisch ernähren, niemals verstehen werden, wie eine Liebe schmeckt, wenn die Zeit vergeht. Die Zeit hat für deinesgleichen keine Bedeutung.«

Helena verstummte, schluckte, trocknete ihre Augen mit dem Handrücken und öffnete die Flasche.

»Die Zutat, die mir noch fehlte, habe ich dank dir gefunden, als du das letzte Mal von ihr zurückgekehrt bist und das mit dem Salz des Meeres vermischte süß-säuerliche Orangenaroma mitbrachtest. Das Getränk, das ich für dich und mich zu erschaffen versuchte, könnte nicht vollkommen sein ohne den Geschmack der Frau, die du mehr liebtest als mich.«

Joakim setzte sich auf die Erde. Helena kniete vor ihm und hielt die Flasche an seine Nase: »Du wolltest, dass ich mit einem halben Mann zusammenlebe und dass die Hälfte, die mir gehörte, nichts von dem mitbekam, was die andere, jener Frau gehörende Hälfte tat. Aber meine Knochen tun mir so weh, dass ich kaum noch aufrecht stehen kann, geschweige denn mich selbst belügen. Deine Lügen haben meinen Körper erschöpft. Ich hasse deine Angst, die Wahrheit zu sagen und mir dabei in die Augen zu schauen. Ich hasse deine Raffinesse. Wie du in Wirklichkeit bist, wissen nur wir zwei, ich und sie, jene Frau, der ich vor langer Zeit mit eigener Hand das Brot gereicht habe. Du weißt selbst nicht, dass du niemandem gleichst, du hast weder Geschmack noch Geruch. Auch jetzt siehst du mich an und hast Angst.«

Helena stand auf, strich sich die zerzausten Haare zurück und drehte sich um.

Joakim konnte ihre letzten Worte kaum hören:

»Geh fort!«

*

Sprudelnd wurde das rot-gelb schimmernde Getränk in die vielen verschiedenen Gläser eingeschenkt. Die Nachricht, dass die Gäste das neue Getränk, das seine Erfinderin, Helena Malewska, »Die Sühne« nannte, in Malewskis Café kostenlos probieren konnten, verbreitete sich in der überhitzten Stadt wie ein Lauffeuer.

Als die Gäste gegangen waren und Tante Adela die bunten Fensterläden sorgfältig verriegelte, sagte Helena: »Weißt du noch, wie du von dem Mädchen erzähltest, das weiß, wie sie die Stadt vor der Dürre retten kann?«

»Ja, und?«

»Ich habe alles verstanden. Dieses Mädchen bin ich.«

Tante Adelas Atem stockte.

»Woher weißt du das?«

»Das Unglück dieser Stadt begann, als Vater den ersten Baum fällte. Niemand außer mir kann sein Verbrechen sühnen.«

»Helena«, Tante Adela schluckte geräuschvoll, »ich glaube nicht, dass es dir gelingen wird. Als ich dort war, in der Bernsteinbucht, hörte ich, dass das Mädchen, das sich der Stadt opfern wird, Jungfrau sein muss. Während du … Ich will nicht, dass es so aussieht, als wollte ich dich kontrollieren, aber man sagt über dich, dass …«

Helena lachte laut. Ihr Lachen hatte das Aroma von Pfeffer.

»Tante, denkst du wirklich, dass die Götter, die ich anbete, so dumm sind? Denkst du, für sie ist es wichtig, ob ich Jungfrau bin oder nicht? Denkst du, dass das Meer, dessen Grund nie ein Mensch gesehen hat, und die Erde, die uns alle beherbergen muss, so kleingeistig sind?«

Über Tante Adelas Wangen rollten Tränen.

»Ich liebte Joakim«, sagte Helena, »ich liebe ihn immer noch. Es spielt keine Rolle, dass er sich als Nichtsnutz erwiesen hat. Trotzdem war meine Liebe sehr groß. Du weißt doch, dass oft gerade die Männer Glück haben, die die Erde sinnlos beschweren, deren Körper bloßes Fleisch ist und nichts weiter und die überhaupt keine Seele haben. Keine Frau, die sich in einen solchen Mann verliebt, bleibt ungestraft. Ich bin bereit, für alles zu büßen.«

Tante Adela schluchzte laut. Helena stand auf.

»Ich möchte ein letztes Mal ausschlafen. Ich hatte nie genug Schlaf.«

*

69

Am nächsten Morgen wurde die Stadt Zeugin eines merkwürdigen Schauspiels. Im ausgedorrten Flussbett, dort, wo sich der grüne Fluss vor langer Zeit mit dem Meer vereinte, stand die vollständig entblößte Helena. Ihr Gesicht war abgemagert vor Kummer, ihr offenes Haar reichte ihr bis zur Taille, ihre Augen waren geschwollen. Sie hatte die Arme zur Seite gestreckt, aus der rechten Hand fiel der Zucker, aus der linken das Mehl. Sie fielen unaufhörlich herab, wie der Schnee auf die nördlichen Gebirge.

Staunend stand die Stadt am Ufer des Flusses versammelt und beobachtete mit großen, ausgetrockneten Augen Helena, die die verwitterte Erde mit dem Mehl, dem Zucker und den Tränen befruchtete. Riesige Tränen sammelten sich auf Helenas Körper. Sie waren schwer, wahrhaftig und klar.

Die Tränen vermischten sich mit dem Zucker und dem Mehl und verwandelten sich im glühenden Flussbett in Brot.

Drei Tage lang ernährte Helena die vor Dürre ausgehungerte Stadt mit ihren Tränen.

Am dritten Tag versammelten sich die Sterne über ihrem Kopf und Helena lächelte.

Und als Helena lächelnd zu ihren Beinen hinunterschaute, sah sie, dass ihre Fußgelenke sich in Bäume verwandelt hatten.

Am sechsten Tag war Helena bereits bis zu den Knien versteinert und die Stadt, die reglos am Flussufer stand, sah, wie das Flussbett sich füllte.

Am neunten Tag spürte Helena einen unerträglichen Schmerz und bemerkte, dass ihre Hüfte, Taille und Vagina zu Stein wurden. Sie schaute nicht mehr nach unten. Aus der Erde stieg Kühle auf.

Am zwölften Tag begannen die Vögel, Nester auf ihren Armen zu bauen. Der Brust des Baumes fiel das Atmen schwer. Helena wusste, dass auch ihr Hals bald vollständig vertrocknet sein würde.

Am dreizehnten Tag kam Joakim und stellte sich direkt vor sie hin.

»Ich habe dich immer geliebt«, sagte er, »ich wollte, dass du es weißt. Ich habe dich nicht belogen. Ich liebe dich auch jetzt.«

Helena lächelte blass. Die Lippen gehorchten ihr nicht mehr. Joakim näherte erst sein Gesicht dem ihren, dann nahm er ihren Kopf mit dem goldenen Haar in seine Hände und berührte ihre Lippen mit den seinen. Joakims Zunge schmeckte nach Berberitze. Helena wurde ruhig. Sie spürte nichts mehr, weder Ärger noch Rachegelüste oder Schmerz, nur die Feuchtigkeit.

Als Joakim die Augen öffnete, sah er, dass Helena vollständig erstarrt war und ihre schönen Schultern, die hohe Stirn und ihre Augen, die immer noch ihre alte Form hatten, als grüne Blätter erblühten.

Die verdutzte Stadt sah, wie aus den Sternen, die über dem Baum leuchteten, Wasser rann und wie sich das Bett des grünen Flusses in Sekundenschnelle füllte.

Auf Helena fiel ein klarer Regen herab.

Katharina

Das hellblaue, schwere Tor des Hauses, das auf dem einzigen Hügel der Stadt stand, wurde selten geöffnet. Niemand
außer den Hausbesitzern und den Dienern, denen es
strengstens verboten war, mit jemandem über ihre Arbeit
zu sprechen, wusste, was hinter jenem Tor in Wirklichkeit
vor sich ging. Es hieß, dass Viktor Salumae, der erst im vo-
rigen Jahrhundert hierher gezogen war, in das Fundament
seines Hauses Eis eingebaut hatte. Aus diesem Grund gefror
den Menschen das Blut in den Adern, sobald sie sich dem
Haus auch nur ansatzweise näherten. Man erzählte, dass die
im Hofeingang schlafenden steinernen Löwen sofort die
Augen öffnen und sich erheben würden, sobald die Haus-
herren ihre Hilfe bräuchten. Und man sagte, dass Viktor, der
Erste der Salumaes, der in die Wasserstadt gekommen war,
Pferde und Jagdhunde züchtete, die noch nie jemand zu
Gesicht bekommen hatte, von deren Existenz aber trotz-
dem alle überzeugt waren. Die Menschen, die rund um das
Schloss der Salumaes lebten, behaupteten, dass sowohl
Viktor als auch sein Sohn Nathaniel die Nachtjagd bevor-
zugten, damit niemand sehen konnte, wie sie das Blut ihrer
Beute in ihre blauen, hervortretenden Adern gossen.

Für die Stadt, deren Existenz bis in jene Zeit zurück-verfolgt werden konnte, als das Meer noch keine Ufer kann-te und als die Menschen sowohl unter Wasser als auch auf dem Trockenen atmen konnten, bedeuteten hundert Jahre gar nichts, deshalb betrachtete die Stadt die Salumaes nie als zugehörig. Und auch diese machten sich keine Mühe, daran etwas zu ändern. Niemand wusste, woher ihr Reich-tum stammte oder was für sie Quellen der Freude oder der Trauer waren. Hinter den fest verschlossenen Toren lebten sie nach ihrer eigenen Zeit, ihren eigenen Regeln, die sich wie Wege auf ihrer strahlend weißen Haut abzeichneten.

Mitte Februar, als im höchsten Turm des Schlosses Katha-rina Salumae geboren wurde – ein Mädchen mit vielfarbi-gen Augen und weißem Haar – hieß es in der Stadt, dass das in das Fundament eingegossene Eis zu schmelzen begönne. Sie besuchte nie die Schule, in der alle anderen Mädchen lernten – die Kinder der Salumaes wurden in den eigenen vier Wänden unterrichtet. Die kleine Katharina war nie auf den Spielplätzen oder am Strand zu sehen – die Salumaes hatten alles, was sie brauchten, hinter dem Tor, in ihrer eige-nen Welt. Katharina hatte keine Freunde – die Salumaes ließen niemanden in ihre Nähe.

Bis sie vierzehn Jahre alt war, unterschied sich Katharina nicht von den anderen Familienmitgliedern. Kein Fremder hatte sie je zu Gesicht bekommen. Niemand wusste, wie die jüngste Salumae, von deren Schönheit die Dienerinnen nur mit stummen Lippenbewegungen berichteten, in Wirklich-keit aussah.

Eines Tages öffnete sich das Schlosstor mit lautem Knar-ren und das Mädchen trat ins Sonnenlicht. Sie ging mit einem weißen Pferd und weißen Hunden auf die Jagd. Sie hatte ein ruhiges, schmales Gesicht, leuchtend weiße Haut, eine kleine Nase, hübsche, strenge Lippen und riesige Augen. Sie war hochgewachsen und saß kerzengerade. Ein

unglaubliches Licht folgte ihr – der Mondschein des Nordens, strahlend schön und kalt.

Gegen Abend kehrte sie zurück. Bei sich im Sattel hatte
sie ein lebendiges Reh. Zum Erstaunen der Nachbarn
waren ihre Arme und ihr Gesicht nicht blutverschmiert. Sie
bewegte sich ruhig, als ob sie mit dem Wind gleiten würde.
Sie blickte ins Nirgendwo, fixierte einen unsichtbaren
Punkt. Das Reh hielt sie an ihre Brust gedrückt. Die Hunde
folgten ihr gehorsam.

Die Stadt sah Katharina – ungewöhnlich hübsch, stark
und ruhig wie die fernen Berge – und richtete ihren hoff-
nungsvollen Blick auf das Mädchen, das auf die Jagd gegangen war und mit einem lebenden Reh nach Hause zurückkehrte.

*

Katharina hatte auf dem Balkon ihres Turmes Kakteen ge-
pflanzt und wartete Jahr für Jahr geduldig auf deren Er-
blühen. Sie hatten keine besonderen Bedürfnisse, die Katharina ihnen nicht hätte erfüllen können, und brauchten auch
kein Wasser, das von dem Mädchen gemieden wurde.

Katharina hatte Angst vor dem Meer und mochte keine
Seen. Am wenigsten die, auf denen die Lilien am westlichen
Tor unter der Sonne erblühten. Katharina hatte Angst vor
Seen, weil sie glaubte, dass man einer Sache, die immer an
einer Stelle bleibt und nirgendwohin fließt, nicht trauen
könne. Das einzige Wasser, das von Katharina gezähmt worden war, war der Fluss. In ihrer Kindheit träumte sie oft, wie
die Wellen sie in die Tiefe zerrten und wie der Schlamm am
zerfurchten Abgrund mit weit aufgerissenem Maul auf sie
wartete. Dennoch schaffte sie es mit sechzehn Jahren das
erste Mal, Stadtsiegerin im Segeln auf dem Fluss zu werden.

»Jeder hat Angst«, sagte sie beim Einschlafen zu sich
selbst, »die Hauptsache ist es, die Angst zu überwinden.«

Die Angst vor dem Wasser war angeboren. Alle Merkwürdigkeiten, die ihrer Familie zugeschrieben wurden, waren durch genau diese Angst hervorgerufen. Katharina wusste nicht, warum ihr Großvater in die Stadt gekommen war, die in Wirklichkeit auf dem Wasser stand – Wasser und Gebäude waren durch eine dünne Erdschicht voneinander getrennt. Das Wasser ernährte die Pflanzen, das Wasser hielt die Menschen am Leben, das Wasser umgab das Land von drei Seiten.

»Ich werde das Wasser besiegen«, sagte Katharina leise, wenn sie um Mitternacht auf allen Balkonen des Schlosses eigenhändig das Feuer entfachte, »ich werde es bezwingen und in das Flussbett sperren. In der Welt hat alles seinen Platz – auch das Wasser. Sogar wenn ich über Land gehe, laufe ich auf Wasser. So kann ich nicht leben, das ist unmöglich.«

»Wir, die Menschen, können vieles erreichen, Katharina«, sagte ihr Vater, Nathaniel Salumae, zu ihr, »aber es gibt Dinge, von denen wir nicht einmal träumen dürfen. Manchmal zwingt uns das Universum, es so zu nehmen, wie es ist.«

Katharina liebte ihren Vater und wollte ein gehorsames Kind sein, aber sie schaffte es nicht. Dem Vater gelang es, sich nicht darum zu scheren, was man in der Stadt über ihn erzählte, er konnte unbeobachtet leben und das eigene, kleine Glück genießen, das am hellblauen Tor anfing und in der hintersten Ecke des Hofes, bei der Mauer, endete. Aber Katharinas Blick war zur Sonne gerichtet, zur Sonne und zu den Menschen, die von ihr begeistert sein würden, die entzückt über ihre Klugheit und Schönheit sprechen würden. Ihr reichte das kleine Reich nicht aus, das ihre Familie für sie abgesteckt hatte. Katharina brauchte die ganze Stadt.

»Ich weiß, Vater«, sagte sie lächelnd. Sie lächelte selten, aber wenn sie es tat, schimmerten in ihren Augen das Leuchten des Polarsterns und zugleich der Kummer der fernen, weißen Berge – aber wir müssen es doch trotzdem versuchen. Wir müssen alles versuchen, was in unserer Macht liegt.«

»Manchmal müssen wir sogar das versuchen, was nicht in unserer Macht liegt«, antwortete der Vater.

»Siehst du? Du weißt alles noch besser als ich, du unternimmst nur nichts. Aber ich werde bald Architektin und ich werde mich daranmachen, einen Damm am Ufer zu errichten. Wenn ich mit dem Bau fertig bin, wird das Meer seine Grenzen schon erkennen. Und über den grünen Fluss baue ich Brücken, damit die Menschen einander auch bei schlechtem Wetter besuchen können. Mir scheint, das ist eine gute Idee, nicht wahr, Vater?«

*

Die Glaskugel, in der ein Modell der Stadt zu sehen war, wurde von einer Flamme beleuchtet. Katharina näherte ihr Gesicht der Kugel und betrachtete aufmerksam die geschäftigen Gestalten auf den Straßen. Sie hatte ein weißes, fast durchsichtiges Nachthemd an. Sie war ohnehin dünn, und wenn sie sich vornüber beugte, stachen ihre Schlüsselbeine und die runden Schultern noch mehr hervor.

»Kanelitsa, komm bitte her«, rief sie ihre Dienerin herbei, »was ist das für eine Straße?«

Kanelitsa konnte in der Glaskugel nichts sehen, aber sie kannte Katharinas Bewegungen schon so genau, dass sie mit erstaunlicher Treffsicherheit erriet, was sich in der Glaskugel an welchem Platz befand.

»Es ist die Einfahrt von Oleandres, im Westen der Stadt. Dort leben die Maler und die Blumenhändler.«

»Kennst du dieses Haus? Weißt du, wem es gehört? Schau mal, was für einen gepflegten Hof sie haben, wie ein Mosaik«, Katharina drückte den Finger auf das Glas. Auf ihren Nägeln leuchtete schneeweißer Lack.

»Genau weiß ich nicht, wer dort wohnt, ich finde es aber heraus.«

»Ich glaube, sie sind in Not. Das Kind ist krank. Kannst du hingehen und in Erfahrung bringen, was dort los ist?« Katharina zog die Augenbrauen zusammen.

»Natürlich«, nickte Kanelitsa und reckte ihren Hals, »wie schaffen Sie das? Ich kann nichts sehen.«

Katharina lachte, aber ihre Augen veränderten sich dabei nicht.

»Du musst mindestens eine Salumae sein, um das Eis lesen zu können, und höchstens Katharina Salumae«, sagte sie und runzelte die Stirn.

Kanelitsa konnte nie begreifen, wie Katharina es schaffte, so hochnäsig und zugleich so gütig zu sein.

»Was ist das für ein Ort? Es ist eine Schande, ich bin hier geboren und kenne die Stadt überhaupt nicht«, unter ihren weißen Fingern drehte sich die Kugel erneut.

»Es ist die Delfinbucht – das Viertel der Ärmsten«, Kanelitsa seufzte, »wenn Sie nur einmal sehen könnten, wie es dort zugeht, würde Ihr Herz zerspringen …«

Katharina betrachtete sehr aufmerksam ein Miniaturgebäude, das einer zum Wasser geneigten Holzhütte ähnelte.

»Hier wohnt ein gutes Mädchen«, sagte sie plötzlich, »ein sehr gutes Mädchen, gütig, hübsch. Sie ist verliebt.«

Kanelitsa beugte sich über den Tisch und versuchte nach Kräften, die Figuren zu sehen.

»Vorsicht, Kanelitsa, wirf mich nicht um.« Katharina rückte den Tisch zurecht und fuhr fort: »Sie ist sehr verliebt, vermeidet aber das Treffen mit dem Jungen. Sie schämt sich, weil sie keine Kleidung hat. Kanelitsa, wenn du zur Einfahrt der Oleanders gehst, geh bitte, wenn möglich, auch in der Delfinbucht vorbei. Bring ihr dieses Kleid. Eins, zwei, drei … Sie wohnt im siebten Haus. Du findest es ganz leicht. Leg das

Kleid vor die Tür, so, dass dich dabei niemand sieht, verstanden?«

Kanelitsa nickte. »Man muss sich schön anziehen können, wenn man verliebt ist«, sagte Katharina, »es spielt keine Rolle, wo man geboren wurde oder wo man lebt. Ich verlasse mich auf dich, Kanelitsa.«

Als Kanelitsa an der Tür war, drehte sie sich um und fragte Katharina: »Wieso lieben Sie niemanden?«

In Katharinas Augen blitzte das silberne Licht des Mondes.

»Kanelitsa, du bist spät dran!«

*

Das hellblaue Boot wurde vom über die Ufer tretenden Fluss, den einige den Fluss des Vergessens nannten, in einen Strudel gezogen. Das Wasser wogte in seinem Flussbett, auch das hellblaue Boot schwankte und die am Ufer aufgereihten Bäume traten nacheinander zurück.

Katharina stand ein wenig nach vorn gebeugt ganz allein im Boot. Mit ihren dünnen Fingern umklammerte sie die Ruder und durchquerte die Wellen. Bei jedem Zug der Ruder spannten sich die Muskeln ihrer dünnen Arme. Sie presste ihre Lippen fest aneinander und schaute nicht zur Seite. Es fiel ihr schwer, sich auf den Beinen zu halten, aber sie ließ es sich nicht anmerken. Sie hielt das schmerzende Kreuz so kerzengerade, dass keiner sich vorstellen konnte, wieviel Kraft und Mühe es sie kostete, Gleichgewicht und Tempo beizubehalten.

Sie spürte, dass jemand sie einholte. Sie atmete tief ein und spannte die Schultern noch mehr. Sie konnte es nicht zulassen, diesen Wettbewerb zu verlieren. Was hätte sie sonst der Stadt sagen sollen, die gerade erst begonnen hatte, Katharinas Familie als einen Teil von sich zu betrachten? Was hätte sie der Stadt sagen sollen, die so stolz auf sie war? Was hätte sie den kleinen Mädchen sagen sollen, die sich bei ihrem Anblick gegenseitig mit den Ellenbogen anstießen? Den kleinen Jungs, die endlich eingesehen hatten, dass auch eine Frau das Boot durch den stürmischen Fluss lenken konnte? Nein, Katharina konnte sich nicht derart blamieren.

Der, der sie einholte und anstarrte, hatte Augen, warm wie die Mittagssonne, und Hände, die an Ruderblätter erinnerten. Vor dem Hintergrund des grünen Ufers und der durch die Äste funkelnden Sonnenstrahlen erschien Katharinas Profil noch weißer. Ihr Haar schimmerte silbrig. In ihren vielfarbigen Augen spiegelte sich der Fluss.

Als Katharina das Ufer erblickte und sah, dass ihr bis zum Sieg nur noch ganz wenig fehlte, schaute sie zur Seite. Ihre Augen trafen auf die sumpffarbenen Augen ihres Gegners, in denen die Liebe und die Güte der ganzen Welt versammelt waren. Der Mann, der Theodor hieß, stand mit gesenkten Schultern in seinem Boot und schaute auf das weißgekleidete Mädchen.

»Wissen Sie, wie dieser Fluss heißt?«, fragte Theodor Katharina, als die Zeremonie der Siegerehrung vorbei war.

»Natürlich weiß ich es«, Katharinas Augen wurden schmaler, »ich weiß es, und mir gefällt der Name. Nichts ist leichter als das Vergessen.«

Auch Theodor kniff die Augen zusammen und beugte sich zu Katharina. Man konnte nicht sagen, dass das Mädchen klein war, aber der Mann war deutlich größer als sie.

»Sind Sie sicher? Aber ich glaube, Vergessen ist das Schwierigste auf der Welt. Faktisch unmöglich. Deshalb habe ich für diesen Fluss einen neuen Namen erfunden.«

»Und was für einen Namen?«, fragte Katharina spöttisch.

»Der Fluss der Begegnungen«, antwortete Theodor ernst und richtete sich auf.

Katharina schaute zum Himmel. Keine einzige Wolke war in Sicht. Theodor ging zu ihr, stellte sich hinter ihren Rücken und kam mit seinen Lippen dicht an ihr Ohr.

»Wo kann ich Sie finden?«

Katharina rührte sich nicht. Sie schaute zum klaren Himmel hinauf.

»Am Meer«, sagte sie dann, »wo die Seen unbeweglich daliegen und die Menschen einander immer noch lieben.«

Theodor näherte seine Schläfe der ihren. Das Mädchen roch nach Schnee und Wüste zugleich.

»Am Meer«, wiederholte Katharina, »dort, wo der Fluss unserer Begegnung mündet.«

*

»Ich glaube, es ist an der Zeit, dass ich mich daran gewöhne, zu Fuß durch die Stadt zu laufen«, sagte Katharina leise und schob die Glaskugel näher an die Flammen, »denn seit der Rückkehr ist das Leben langweilig geworden.«

Kanelitsa öffnete die Balkontür. Die größte Kaktee war weiß erblüht.

»Komm mal her«, rief Katharina sie und drückte den Finger, wie gewohnt, an das Glas, »irre ich mich, oder ist dieser Ort unbewohnt?«

»Meinen Sie die Bernsteinbucht?«

»Ach, Kanelista, wenn ich wüsste, was das ist, würde ich dich doch nicht fragen.« Katharina schien unzufrieden.

»Das ist die Bernsteinbucht«, sagte Kanelitsa voll Überzeugung, »man sagt, dass dort das Bernsteinschloss der Meeresgöttin Iurate stand. Iurate verbrachte die Hälfte des Jahres im Meer und die andere Hälfte an Land.«

»Heißt das, dass sie eine Amphibie war?« Über Katharinas Lippen glitt ein ironisches Lächeln.

Kanelitsa seufzte.

»Sie glauben mir sowieso nichts, was ich Ihnen erzähle.«
Sie zuckte mit den Schultern.

»Natürlich glaube ich nicht an Märchen, Kanelitsa. Ärgere dich nicht. Schenk mir bitte Tee ein, wenn es dir keine Umstände macht.«

Kanelitsa schenkte Tee in eine Porzellantasse und stellte sie für Katharina neben die Glaskugel. Der aufsteigende Dampf verdeckte die in der Kugel eingeschlossene Stadt vollständig. Katharina strich über das Glas und begann, mit dem Finger darauf zu malen.

»Und heißt das, Kanelitsa, dass dort, wo Iurates Schloss stand, jetzt nichts mehr ist?«

»Ja, gnädige Frau. In der Bernsteinbucht kann niemand etwas bauen.«

»Und warum das?«

»Man sagt, dass niemand auf den Wohnruinen der Göttin Fuß fassen kann, und das stimmt auch.«

»Niemand?«, fragte Katharina, ohne das Malen zu unterbrechen.

»Nur derjenige, der mit seiner Liebe Iurate übertreffen kann, dessen Herz größer und dessen Liebe noch lichterfüllter ist. Derjenige, den man so liebt, dass man ihn niemals betrügt. Derjenige, der so sehr liebt, dass er sein Herz in das Fundament des Hauses eingießt.«

»Schau mal an, was für Geschichten du kennst«, Katharina zog die Augenbrauen hoch und stellte die Glaskugel auf dem Tisch ab, »aber ich glaube, dass es eine gute Idee ist, mir die Genehmigung für den Bau in der Bernsteinbucht zu holen, ein neues Viertel zu bauen und dort die Menschen einzuquartieren, die in den heruntergekommenen Slums leben. Wie lange sollen sie noch Meerwasser trinken?«

Kanelitsa stand mit offenem Mund da.

»Was ist?« Katharina schaute ihr trotzig in die Augen. »Glaubst du, dass ich nicht lieben kann? Sag nichts, ich habe die Frage nicht deshalb gestellt, damit du sie beantwortest. Ich weiß ohnehin, was du darüber denkst, Kanelitsa.«

»Ich wollte Sie nicht verärgern«, Kanelitsa brachte die Worte nur mit Mühe heraus, »sicher doch, Sie können ganz gewiss sehr stark lieben … Auch ich bin dort aufgewachsen, in der Delfinbucht. Wissen Sie, dass niemand sich je Gedanken über uns gemacht hat, dass unser Leben nie jemanden interessierte? Niemandem war es wichtig, dass wir menschenwürdig lebten. Nur Sie …«

Katharinas Herz zog sich zusammen. Sie bekam keine Luft mehr. Zu ihrem eigenen Kummer wusste sie nicht, wie sie weinen sollte. Kanelitsa aber weinte. Sie stand mit hochgezogenen Schultern in der Zimmermitte und weinte bitterlich.

»Es ist genug, Kanelitsa.« Katharina gelang es nur mit großer Mühe zu sprechen.

Kanelitsa hörte nicht auf. Sie war ein dürres Mädchen, klein und mit dunklem Teint. Sie war zwölf Jahre alt, als sie in das Haus der Salumaes kam, um der gleichaltrigen Katharina als Helferin zu dienen. Katharina hatte sie nie gefragt, woher man sie geholt hatte oder wer ihre Eltern waren. Sie wusste nie, was den Menschen, der all die Tage an ihrer Seite verbrachte, erfreute oder traurig machte.

»Es ist genug, komm zu mir!« Katharina öffnete die Arme und umarmte Kanelitsa. Es fiel ihr schwer. Sonst liebkoste sie niemanden, nicht einmal ihre eigenen Eltern.

»Ich werde für deine Eltern ein neues Haus bauen«, sagte sie leise, »und vielleicht werde ich später auch das Meer eindämmen.«

Kanelitsa zitterte am ganzen Körper.

»Kanelitsa, kannst du dich an das Mädchen erinnern, dem wir ein Kleid geschenkt haben?«, fragte Katharina sie plötzlich.

Kanelitsa nickte.

»Wir müssen ihr einen Spiegel schenken«, in Katharinas Augen leuchteten die Strahlen des Polarsterns auf, »damit sie niemals vergisst, wie hübsch sie ist.«

*

Seit dem Sieg im Wettbewerb auf dem Fluss des Vergessens wurde Katharina von Schlaflosigkeit geplagt. Sie verbrachte die Nächte auf dem Balkon und schaute aufs Meer, das ihr jetzt noch furchteinflößender erschien als je zuvor. Wenn es ihr dennoch gelang einzuschlafen, wälzte sie sich im Schlaf, fand keine Ruhe und wachte immer wieder auf.

In den zersplitterten Träumen dieser langen Nächte kam Theodor oft zu ihr. Er kam und brachte den fernen Frühling mit. Sobald er am Horizont erschien, in den Schichten, die hinter den geschlossenen Augenlidern verborgen waren, spürte Katharina, wie ihr Schlaf sich beruhigte und erwärmte. Am Morgen aber, wenn Theodors verblassende Figur wieder verschwand, wurde Katharina von einem Schmerz geweckt, dem Schmerz, der in ihren Adern und ihrem Fleisch Wurzeln geschlagen hatte.

»Vielleicht ist das die Liebe«, dachte Katharina, »diese verrückte Liebe, von der mir Kanelitsa erzählte. Vielleicht ist das die Regel, dass alles so ist, wie es ist, dass du bereit bist, den eigenen Körper mit den Zähnen zu zerfleischen und qualvoll zu sterben, damit der physische Schmerz dich das vergessen lässt, was dich noch mehr quält. Wahrscheinlich ist es so.«

»Ich weiß nicht«, antwortete die Mutter, als Katharina ihr die Frage stellte, »ich weiß nicht, ob ich deinen Vater liebte, als ich ihn heiratete. Wahrscheinlich liebte er mich mehr, während ich glaubte, dass er ein guter Junge war, klug, anständig, reich, also heiratete ich ihn. Die Liebe kam wahrscheinlich später, als Folge des Zusammenlebens.«

Die Antwort verwunderte Katharina nicht. Sie kannte die Menschen kaum, sie hatte ihre ganze Kindheit zu Hause verbracht. Auch die höhere Ausbildung hatte sie in einer geschlossenen Einrichtung genossen, wo hauptsächlich die Mädchen studierten, die genauso erzogen wurden wie sie. Aber beim Beobachten der Glaskugel wurde ihr klar, dass ihre Familie keine Ausnahme darstellte. Die meisten Menschen heirateten aus ähnlichen Gründen wie ihre Eltern und nicht wegen der verrückten Liebe, über die Katharina so viel gehört hatte.

»Hör zu, Katharina«, sagte die Mutter zu ihr, »das Leben ist eine komplizierte Sache. Du bist ein starkes Mädchen, aber auf dieser Welt schafft es keiner, genauso zu leben, wie er will. Alles ist viel komplizierter, als du es dir vorstellst. Deshalb versuche, einen Mann zu finden, der dich mehr liebt als du ihn.«

»Ist es nicht möglich, dass beide einander gleich lieben?« Katharina ließ ihr keine Ruhe.

»Nein«, lächelte die Mutter, »weil auf dieser Welt noch nie zwei Menschen geboren wurden, die genau gleich denken und fühlen. Es gibt immer einen, der mehr liebt und sich mehr sehnt als der andere.«

*

Genau in dem Moment, als Katharina bei einer zufälligen Drehung der Glaskugel Theodor sah, der vom im Hafen liegenden Schiff stieg, dachte sie, dass von ihnen beiden Theodor derjenige war, der mehr liebte und sich mehr sehnte. Seine Ankunft beruhigte Katharinas Schlaf und ließ sie auch den Schmerz vergessen, der ihrem Körper keine Sekunde der Entspannung gönnte.

Sie heirateten im Schlossgarten der Salumaes. Außer Katharinas Familie, den Dienern und einigen Freunden ihres

Vaters war niemand auf der Hochzeit. Es weinte auch niemand vor Freude, lediglich über Kanelitsas Wangen rollten ein paar Tränen. Katharina war glücklich und lächelte so, dass in ihren Augen die Sonne, die auf die fernen Bergabhänge schien, und die unter dem Schnee eingeschlafene Wüste zugleich zu sehen waren.

Katharina verspürte niemals Kälte. Sogar in den Winternächten schlief sie immer nackt und ging im frühen Morgen nur mit ihrem Morgenmantel bekleidet auf den Balkon, um frische Luft zu schnappen. Auch ihre Kakteen schienen sich an das lebensspendende Klima Katharinas gewöhnt zu haben.

»Ist dir kalt?«, fragte Katharina morgens Theodor, wenn sie ihre schlanken Beine vom Bett auf den Teppich hunterließ und ihrem Mann ihren dünnen Rücken entgegenstreckte. »Bitte verzeih mir, dass ich dich nicht gewarnt habe, was das Leben mit mir bedeutet.«

Theodor lachte, küsste seine Frau auf den Rücken und Katharina spürte, wie die Vögel, die vor langer Zeit in warme Länder fortgezogen waren, in ihren Körper zurückkehrten – von den schlanken Beinen durch den wie durchsichtig scheinenden Bauch bis zum Herz.

»Mir ist kalt«, sagte Theodor, »aber ich gewöhne mich daran. Ich wusste doch, wen ich heirate.«

»Und wen genau?« Katharina zog ihre Nase nach oben.

»Den Winter, dem es gelang, die Wüste zu zähmen«, antwortete Theodor und küsste ihre Schultern.

Katharina lächelte. Seitdem Theodor in ihr Leben getreten war, lächelte Katharina viel öfter, sie gewöhnte sich an das Glücksgefühl.

»Das ist die Liebe«, sagte Kanelitsa zu ihr, wenn Theodor aus dem Haus ging und Katharina alleine mit ihren Grundrissen blieb, »von der ich Ihnen erzählt habe.«

Der Stadt blieb nicht verborgen, dass Theodor das Leben der Salumae-Familie grundlegend verändert hatte. Das hellblaue Tor stand Gästen stets offen, und auch Katharina selbst besuchte neuerdings die Feste anderer. In der Stadt war der unglaubliche Reichtum von Katharinas Familie inzwischen kein Geheimnis mehr, aber man erkannte auch, dass die Salumaes ganz gewöhnliche Menschen waren und sich hinter den Mauern ihres Schlosses kein unheimliches Geheimnis verbarg.

Eines Abends bemerkte Katharina, dass sie in der Glaskugel nichts mehr erkennen konnte, und erinnerte sich daran, was die Eltern ihr an ihrem zwölften Geburtstag gesagt hatten, als sie ihr die Glaskugel feierlich überreichten: Durch das Glück verliert der Mensch seine Zauberkräfte.

»Ich glaube, es ist an der Zeit, dass ich mit dem Bau beginne, Kanelitsa«, sagte Katharina an diesem Tag und rollte die Umrisszeichnungen sorgfältig zusammen. »Was meinst du?«

*

»Sie können das Ausmaß des Problems nicht begreifen«, der Bürgermeister hob die Arme, »ich verstehe, dass Sie nur Gutes tun wollen, aber ich betrachte Ihr Projekt als nicht umsetzbar.«

Katharina schaute auf die Grundrisszeichnung hinab und trommelte mit den Fingern auf den Tisch.

»Ich verstehe den Grund Ihrer Absage nicht«, sagte sie zum Bürgermeister und hob den Kopf, »die Bernsteinbucht liegt längst in Trümmern. Falls mein Projekt scheitert, kommt keiner zu Schaden außer mir. Mein Geld geht verloren, mein Ruf steht auf dem Spiel. Was haben Sie zu verlieren?«

Der Bürgermeister seufzte.

»Verstehen Sie mich bitte nicht falsch. Ich kann den Armen dort keine falschen Hoffnungen machen. Ich kann ihnen nicht etwas versprechen, was ich nicht halten kann. Wenn der Bau scheitert, wird sich keiner an Sie erinnern, alle werden zu mir rennen.«

Katharina begriff, dass sie weder durch ihre Kompetenz überzeugen noch mit Bitten etwas erreichen konnte, und beschloss, zur äußersten Maßnahme zu greifen: »Herr Bürgermeister, was, glauben Sie, wird passieren, wenn ich behaupte, dass mir die Göttin Iurate erschienen ist und mir befohlen hat, auf den Ruinen ihres Hauses neue Häuser für die Ärmsten der Stadt zu errichten, und Sie mir keine Befugnis für den Bau erteilen? Können Sie sich ausmalen, was die Menschen dann unternehmen? Es wird Ihnen niemals gelingen, die Proteste zu unterdrücken und sie werden gezwungen sein, zurückzutreten.«

Der Bürgermeister war sprachlos. Er hätte nie gedacht, dass Katharina Salumae, die gerade erst ihr Architekturstudium abgeschlossen hatte, so viel Unruhe in die Stadt bringen würde. Der Bürgermeister musste sich eingestehen, dass er immer gedacht hatte, Frauen würden nur deshalb studieren, um bessere Chancen zu haben, reich zu heiraten.

»In unserer Stadt hat noch keine …« – der Bürgermeister stockte und fuhr nach einer Pause fort – »keine einzige Frau ein Haus gebaut, geschweige denn ein ganzes Viertel.«

Katharina lächelte lediglich mit einer Gesichtshälfte:

»Dann herzlichen Glückwunsch, Herr Bürgermeister, das heißt, Sie sind an einem historischen Ereignis beteiligt.«

*

Katharinas Haut verblasste mehr und mehr, ebenso wie ihr Haar mehr und mehr ergraute. Sie liebte Theodor jeden einzelnen Tag und diese Liebe lagerte sich wie Schnee in ihrem dürren Körper ab.

»Verlass mich nie«, sagte Katharina abends zu ihrem Mann, wenn Theodor im Zimmer auf und ab ging, seinen Rotwein schlürfte und beobachtete, wie Katharina sich mit ihren Grundrisszeichnungen und Modellen beschäftigte.

Theodor lachte und küsste Katharina auf die Stirn.

»Verlass mich nicht!«, wiederholte Katharina eindringlich und zitterte. Ihr zitternder Körper verbreitete noch mehr als sonst den betörenden Duft frisch gefallenen Schnees: »Ohne dich schaffe ich es nicht, den Bau zu Ende zu führen.«

»Du bist so ein Dummerchen«, Theodor ließ seine Küsse von der Stirn über Wangen, Lippen, Schultern gleiten, »eine Frau wie dich verlässt ein Mann nicht.«

Und wenn Theodors warme, an Ruderblätter erinnernde Hände ihre schlanke Taille und die spitzen Hüftknochen berührten, sah Katharina den Mond der Wüste, der sich hinter dem kreiselnden Schneewirbel in ihren Augen versteckte.

Der Bau ging sehr schnell voran. Katharina verbrachte ganze Tage in der Bernsteinbucht. Am Anfang ging Theodor oft dorthin, um seine Frau zu ermuntern, aber als die Gebäude bis zum sechsten Stockwerk errichtet waren und die Ärmsten zwischen ihren Holzhütten feierlich die Fahnen hissten, wurden Theodors Besuche auf der Baustelle seltener und seine Hände kühlten ab.

Katharina sagte nichts. Eine böse Vorahnung beunruhigte sie und sie versuchte, den Bau früher fertigzustellen als geplant.

∗

Die Glaskugel wurde allmählich wieder klarer. Hinter dem Glas erschienen nacheinander Häuser, Straßen, das Meer, der Fluss, die Seen und die Menschen. Katharinas Hände zitterten.

Sie sah Theodor, der in einer schmalen Gasse unter fremden Fenstern stand, unter den Fenstern jener Frau, die für die zauberhafte Musik ihrer Finger in der ganzen Stadt bekannt war. Aus seinen Augen strahlte genau jenes Licht, in das Katharina sich vor langer Zeit verliebt hatte und das sie später verloren hatten.

Und Katharina verstand, was es hieß, dass Männer Frauen wie sie nicht verlassen. Sie verlassen sie nicht, aber sie betrügen sie.

Sie sah die Stadt so klar wie nie zuvor. Sie sah jedes Detail, die Pflanzen und die Tiere, die im Sonnenlicht schimmernden Fische. Sie sah die Gedanken und die Gefühle der Menschen, die keine Ahnung hatten, was in Katharinas Herzen vorging.

»Wo ist mein Glück?«, fragte Katharina mit einer kaum wahrnehmbaren Lippenbewegung ihr Spiegelbild auf der gewölbten Oberfläche der Glaskugel, die wie eine Kuppel über die Stadt gestülpt war. »Wo ist meine Liebe?«

Die Kugel schimmerte in tausend Farben. Katharina schraubte das silberne Gestell vorsichtig ab und goss ein paar Tropfen einer schwarzen, dicken Flüssigkeit in ihre linke Handfläche.

»Möge der von ihm gepflanzte Keim niemals Früchte tragen ...«, sagte Katharina und strich sich die Flüssigkeit mit dem rechten Zeigefinger unter die Zunge. In ihrer Stimme schwangen die Schritte des Nordwinters, der mit einem Atemzug den Wäldern die Seele erfrieren lässt, und zugleich der Nachtwind der Wüste mit, der erbarmungslos die Sicht, den Atem und das Gehör lähmt.

Als Theodor, der gegen Mitternacht nach Hause zurückkehrte, sich ins Bett gelegt und die Augen fest geschlossen hatte, glitt Katharina unter die Decke wie Eis ins Wasser.

»Das Wasser soll den Schmerz verwahren …«, flüsterte Katharina und umarmte ihren Mann, »und die Angst soll geboren werden …«

Und ihr Kuss war bitterer als der Schmerz erfrorener Glieder und länger als alle Dezembernächte zusammen.

*

Katharina wartete sechs Monate lang. Sie wartete, wann das Gift wirken würde. Sie versuchte nicht mehr, unter der Glaskugel die Stadt und die Menschen zu erkennen.

An jenem Tag, als die Frau, unter deren Fenstern Katharina Theodor gesehen hatte, Spinnen gebar, fand Theodor bei seiner Heimkehr das blaue Tor verschlossen. Es war für ihn an der Zeit, fortzugehen.

Die Mauern des Viertels, dessen Bau in der Bernsteinbucht fast abgeschlossen war, bekamen am gleichen Abend Risse. Ein einstürzendes Baugerüst begrub zwei Arbeiter unter sich. In den heruntergekommenen Holzhütten verbreitete sich die schreckliche Nachricht wie ein Lauffeuer – für die Ärmsten der Stadt würde es niemals neue Häuser geben.

Katharina sah die Zerstörung nicht. Als die Glaskugel zersprang und die Splitter sich wie Wassertropfen über den Boden verteilten, wusste sie alles.

Katharina ging gegen Mitternacht zum See. Sie stand am Ufer und schaute auf die Wellen. Sie hatte Angst. All ihre Schmerzen hatten sich im Wasser versammelt, das immer am selben Ort blieb und nirgendwohin floss.

Der See bewegte sich.

»Warum bist du gekommen?«, fragte das Wasser.

»Ich bin müde«, sagte sie.

Das Wasser bildete in der Tiefe einen Strudel.

»Ich bin sehr müde«, wiederholte Katharina.

»Du, die du immer vor mir fortliefst, immer versuchtest, dich von mir zu verstecken, du, die du so anmaßend warst, das Meer bezwingen zu wollen, du, die du niemals an meine Macht glaubtest, bist schließlich doch zu mir gekommen, als du die Liebe vermisstest«, gurgelte das Wasser.

Katharina senkte ihre Schultern. Sie war jetzt vollständig weiß.

»Nimm mich auf«, bat sie den See und schloss die Augen.

Der See ließ die weißen Lilien aufblühen und sagte so leise, dass nur Katharina es hören konnte: »Möge das Wasser den Schmerz verwahren ...«

Katharina lief bis zum Hals in den See. Sie spürte nichts als Wärme und Angst.

»Ich habe Angst ...«, sagte sie zum Wasser.

Der See lächelte blass und öffnete seine ruhigen Arme.

Katharina bemerkte, wie ihr Körper zu schmelzen begann.

»Möge das Wasser den Schmerz verwahren ...«, sagte sie und verschmolz mit dem See.

Maria

Am Ende der Stadt, im ärmsten Viertel, wo die Ebbe den heruntergekommenen, von Wind und Wetter geschundenen Häusern Tag für Tag mehr Boden entzog, lebte Maria – Maria mit ihren kastanienbraunen Haaren, dunklem Teint und klaren, blauen Augen. Sie wohnte in einer zum Wasser geneigten Holzhütte, die sich von den anderen Hütten dort durch nichts unterschied. Sobald man die Tür öffnete, strömte der Geruch von Armut, Hunger und Verzweiflung heraus, obwohl Maria selbst anders war – ein Mädchen mit aufrechten Schultern, furchtlosen Schritten und hoher Stirn. Sie war unverwechselbar.

Die Sonne hatte noch nie gesehen, wie Maria die groben Kleider an- und auszog, denn das einzige Fenster ihrer Holzhütte schaute zur fensterlosen Wand des Nachbarhauses. Die Sonne hatte im Armenviertel nichts verloren. Sie kam bis zum Meer und nicht weiter, sie machte keinen Schritt in Richtung Delfinbucht, wo die Menschen sich seit geraumer Zeit von ihren Lichtresten ernährten.

Auch Maria hatte sich selbst nie klar und in Gänze gesehen, denn in ihrer Holzhütte war nicht einmal eine Spiegelscherbe zu finden. Sie erkundete ihren Körper täglich tastend mit den Händen und versuchte, ihn mit der zur Seite geneigten Silhouette, die sie im Meer sehen konnte, zu einem Bild zusammenzufügen und sich vorzustellen, wie sie tatsächlich aussah, wie sie ging, wie sie die Hände bewegte, die Stirn runzelte und wie sich die Grübchen auf ihren Wangen abzeichneten, wenn sie lächelte. Sie wollte wissen, ob sie auch ein ganz klein wenig jenen hübschen, reichen Mädchen ähnelte, über die in der Stadt so viel geredet wurde, die geliebt, bewundert und nachgeahmt wurden.

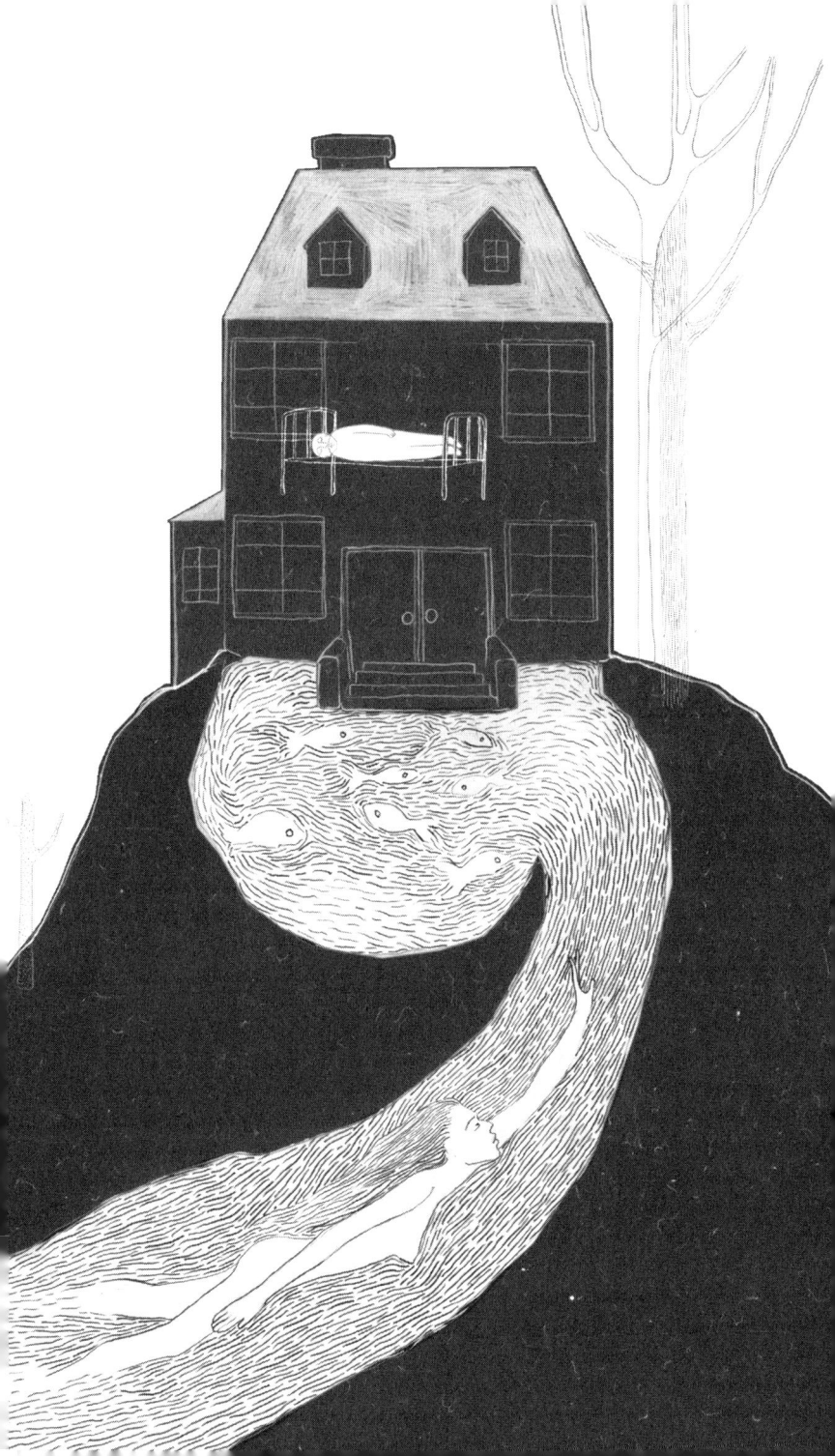

Maria wusste nie, welche Kleider gerade in Mode waren. Und selbst wenn sie es gewusst hätte, hätte sie niemals einer Mode folgen können. Sie besaß nichts anderes als die aus grobem Stoff genähten Kleider, sie hatte von den neuesten Errungenschaften und den technischen Fortschritten der Menschheit keine Ahnung, sie interessierte sich nicht für Politik oder Wirtschaft, denn selbst wenn die ganze Welt auf den Kopf gestellt würde, würde sich, so dachte sie, an der Armut in ihrem Viertel nichts ändern. Nur von einer einzigen Sache träumte sie, um sich selbst sehen zu können – sie wollte einen Spiegel, nichts weiter. Sie dachte oft, wie glücklich sie wäre, wenn sie zumindest zwei Dinge wüsste: welche Farben zu ihrer Haut passten und wie ihr Gesichtsausdruck sich änderte, wenn sie lächelte.

Die Sonne ließ sich ein einziges Mal an Marias Fenster blicken. Ein einziges Mal, als die Jungen aus den reichen Vierteln, die mit ihren Segelbooten unterwegs gewesen waren, auf dem Rückweg durch ihre schmale Gasse stürmten. Einer von ihnen kickte einen Ball vor sich her. Die anderen folgten ihm und verteilten sich in den schmalen Sackgassen.

Die Sonne folgte Johannes. Maria fragte Johannes nie, was ihn dazu gebracht hatte, zwischen den maroden Mauern herumzustreichen und sich diese anzusehen, statt dem Ball nachzulaufen. Sie wusste nicht, warum Johannes plötzlich zur Seite blickte und sie in der mit Stroh bedeckten Zimmermitte sah, als sie ihre Brustwarzen mit Veilchenextrakt massierte und sich vorzustellen versuchte, welche Farbe ihre Lippen wohl hätten – wahrscheinlich die Farbe ihrer Brustwarzen. Wahrscheinlich.

Das Wichtigste war, dass Johannes genauso zu ihr kam, wie die Sonne zuvor zu den anderen, zu denen, deren Fenster hoch genug waren, um die Sonnenstrahlen hereinzulassen. Maria stellte die Schüssel mit dem Veilchenextrakt auf dem Boden ab und ging zum Fenster.

In dem Moment sah sie zum ersten Mal ihre nackte Silhouette und ihr Gesicht. Maria verstand, dass man sich in den Augen desjenigen suchen muss, dessen Liebe man sucht, wenn man seine Schönheit erkennen will. In Johannes' Augen sah Maria genauso aus, wie sie es sich erträumt hatte.

»Ein blaues Kleid würde zu mir passen«, dachte Maria und lächelte den Jungen an.

*

Maria tauchte kerzengerade durchs Wasser, sie durchquerte die Wellen schnell und vorsichtig. Ihre Beine waren gespannt, die an ihren Körper gepressten Arme waren unterhalb der Taille frei, das Kinn nach oben gerichtet. Sie atmete durch die Haut. Sie kannte jede Strömung in- und auswendig, jede Windung am Meeresgrund, jede Vertiefung und jedes versunkene Schiff. Das Meer liebte Marias Körper, der wie ein Schwamm das Salz, den Geruch von Algen und die Laute der Fische einsaugte. Das Meer liebte Marias Haar, das sich unbemerkt unter die Wellen mischte. Das Meer liebte Maria – das schönste sterbliche Mädchen, das es je mit seinen ewig wachen, niemals geschlossenen Augen erblickt hatte.

Auch Maria schloss ihre Augen beim Schwimmen nicht. Sie sah, wie die Delfine neben ihr die Wellen durchkreuzten, wie die bunten Fischschwärme dem Pfad der Sonne folgten, wie die Meerespflanzen bei ihrem Anblick die Knospen öffneten und sich nach oben reckten, um Marias Brust oder ihre Beine zu berühren. Aus Marias Augen schien ein klares, hellblaues Licht und beleuchtete Ebbe und Flut wie eine Zauberlampe.

Sie schwamm immer nackt. Es gab nichts, was Maria vom Wasser trennte. Das Meer brachte ihr bei zu leben, den

Weg zum Herzen der Stadt zu finden, bis zu den unter den Häusern befindlichen Gewässern, wo sie diejenigen beobachten konnte, in deren Nähe sie sonst nie gekommen wäre. Jedes Mal, wenn Maria den Meereswindungen zu den geheimen Gängen folgte, dachte sie, dass sie sich eines Tages selbst in eine gewöhnliche Welle verwandeln würde, die anderen Mädchen den Weg zu den unerreichbaren Orten zeigen würde. Aber bis dahin musste sie leben, leben und glücklich sein, sie musste lieben und Kinder gebären, sie musste statt der armseligen Holzhütte ein schönes Haus am Strand besitzen, mit riesigen Spiegeln und vielen Büchern.

Maria erfuhr bald, wo Johannes wohnte – in einem Haus, in dessen Fundament silberfarbene Fische schwammen. Er war ein ruhiger, stiller Junge, mit blassem, gütigem Lächeln und langen, schmalen Fingern. Er hatte nichts mit den Jungen gemeinsam, mit denen Maria aufgewachsen war – den Fischern und Seemännern, den Bootsjungen und Muschelverkäufern, sonnengebräunt, stark und streitsüchtig. Johannes war anders.

Die Nähe der silbernen Fische spürte Maria auf der Haut – die Strömung wurde kälter. Das Mädchen richtete sich im Wasser auf, senkte die gestreckten Beine wie den Schwanz einer Meerjungfrau in Richtung Grund, warf den Kopf nach hinten und schaute hinauf. Über ihrem Kopf tummelten sich die Fische im Silberschein. Maria presste die Arme an ihren Körper, spreizte die Finger und schwamm zum Licht.

An der Oberfläche des Wassers, das sich im Fundament von Johannes' Haus angesammelt hatte, erschien erst kastanienbraunes Haar, dann blaue Augen. Am Ende richtete sich eine unvorstellbar schöne Gestalt gänzlich auf und störte die Ruhe der Fische.

Maria ging durch den Korridor und stieg die Treppen hinauf. Sie hatte einen wunderbaren Körper, eine schmale Taille, runde Hüften und makellose Schultern. Sie hinterließ eine nasse Spur, die nach Meer roch. Sie ging so, als ob sie selbst die Gastgeberin wäre, als ob sie ihr ganzes Leben in diesen Wänden verbracht hätte.

Johannes lag auf dem Rücken und schlief. Der Mond beleuchtete seine Schultern und sein Gesicht. Maria sah stumm zu ihm hinunter. Er hatte schmale, feine Gesichtszüge. Er atmete genauso ruhig, wie er lebte. Maria beugte sich zu ihm und roch an seiner Haut. Am Anfang nahm sie nichts wahr, aber später bemerkte sie den kaum wahrnehmbaren Duft von Pfirsichen und Mandeln, der Johannes zu gehören schien und auch wieder nicht. Maria lief ein Schauer über den Rücken. Sie atmete tief ein und spürte, dass leere Luft in ihre Lungen einströmte, während der aus der Ferne stammende Duft im Zimmer verblieb. Die Pfirsiche und Mandeln blühten woanders.

»Komm zu mir zurück«, sagte Maria leise und umschloss Johannes' Gesicht mit ihren Händen. Von den Handflächen des Mädchens rann warmes Salzwasser.

Johannes rührte sich nicht.

»Komm zu mir zurück«, wiederholte Maria, »damit du die Wärme meiner Hände niemals vergisst.«

Johannes bewegte kaum merklich die Augenlider. Maria stand auf und glitt wie ein Gespenst Richtung Keller. Bevor sie wieder mit dem Wasser verschmolz, sah sie eine blasse Silhouette – ein hochgewachsenes Mädchen mit rot gefärbten Lippen schloss die Haustür hinter sich und verschwand in den Garten. Ihre Gesichtszüge waren nicht zu erkennen. Lediglich die Lippen, rot wie blühende Rosen Ende Mai, leuchteten in ihrem entgeisterten Gesicht.

*

Am nächsten Tag erkannten die Fische Maria bereits und blieben ruhig. Das Mädchen schwamm zwischen ihnen hindurch und legte sich auf die Wasseroberfläche. Sie schaute nach oben. Eine auf der Decke abgebildete Meerjungfrau beweinte mit Bernsteintränen einen jungen Mann in ihren Armen, der keinen Hauch Leben zeigte. Hinter ihnen tobte das Meer, tobte erbarmungslos. Die Meerjungfrau wirkte lebendig. Goldenes Haar bedeckte ihre Brust und reichte ihr bis zur Taille. In ihren meerblauen Augen waren Verzweiflung, Wut und Liebe zugleich zu sehen.

»Du verstehst mich doch«, sprach Maria zur Decke, »du weißt doch, wie die Liebe in Wirklichkeit ist, wie es ist, keinen Platz zu finden, weder im Wasser noch an Land.«

Die Meerjungfrau antwortete nicht. Ihre Bernsteintränen leuchteten wie Sterne an der Decke.

Johannes schlief wieder auf dem Rücken. Seine Arme lagen unter dem Kopf und es sah so aus, als ob er sich sonnend am Strand läge. Maria überkam das drängende Verlangen, erst die sich unter seinen Augen wölbenden Knochen zu küssen, dann seine eingefallenen Wangen, am Ende seine trockenen Lippen, die, so dachte Maria, salzig schmecken mussten.

Johannes wälzte sich im Schlaf, die Decke rutschte über seine Schultern und gab Hals und Schlüsselbeine frei. Maria setzte sich aufs Bett und drückte ihre Fußsohlen an seine.

»Damit jede Welle dich an meine Berührung erinnert«, sagte Maria und schob ihren Fuß zu Johannes' Knie, »damit der Durst dir den Weg zu meinen Lippen zeigt …«

Beim Verlassen des Zimmers sah sie wieder den Schatten – diesmal konnte sie außer den Lippen des Mädchens auch ihre getuschten Wimpern und die schattigen Augen erkennen.

»Wer bist du?«, fragte Maria leise, bevor der Schatten verschwand.

Das unbekannte Mädchen antwortete nicht. Es verschwand durch das Wohnzimmerfenster in die Dunkelheit.

*

»Wach nicht auf«, flüsterte Maria Johannes zu und presste sich mit ihrem nackten, salzigen Körper an ihn. »Ich liebe es, dich im Schlaf zu beobachten.«

Johannes zuckte kaum wahrnehmbar mit den Augenlidern.

»Wach bloß jetzt nicht auf«, fuhr Maria fort, »bald wirst du selbst mit mir sein wollen … Hat dich je ein Mädchen geliebt, das so aufgewachsen ist, wie es geboren wurde? Hat dich je ein Mädchen geliebt, das keine andere Kleidung hatte und nach Armut roch statt nach Parfüm? Wahrscheinlich nicht. Was hast du mit Mädchen wie mir zu tun … ?«

Maria setzte sich aufs Bett und sah in Johannes' ruhiges Gesicht.

»Ich verspreche dir, dass ich es schaffen werde, mich dir würdig zu erweisen. Ich werde alles lernen, was du dir wünschst. Ich werde das beste Mädchen werden, komm bloß zurück zu mir, stell dich noch einmal an die Mauer meines Hauses und liebe mich.«

Johannes öffnete die Augen einen Spalt breit und sah im Halbschlaf, in der dunkelblauen Finsternis seines Zimmers, zwei Vollmonde – die wunderschönen Brüste von Maria, auf denen die leuchtend weiße Spur des Meeressalzes immer noch zu sehen war.

Bevor der Junge zu sich kam, gelang es Maria, aus dem Zimmer zu verschwinden. Johannes folgte ihren Spuren bis zum Keller, konnte aber außer schlanken Fußsohlen, die im Wasser verschwanden, nichts mehr sehen.

Maria, die durch einen Tunnel schwamm, wusste nun ganz sicher, dass Johannes am nächsten Tag selbst zu ihr kommen würde, um die verschwommenen Visionen erneut und klarer zu sehen.

*

Das grobe Kleid hing schwer von Marias wunderschönen Schultern herab. Das Mädchen stand bis zu den Knöcheln im Wasser und lächelte. Mit einer Hand streichelte sie einen Delfin, mit der anderen Hand hob sie ihren Rock, damit er nicht nass wurde. Unter dem rauen, aus den Nähten gerissenen Kleid waren ihre sonnengebräunten dunklen Knie zu sehen.

Johannes beobachtete Maria vom Ufer aus. Sie war so hübsch und passte so perfekt zum Meer, zu der von der untergehenden Sonne beleuchteten Delfinbucht, dass der Junge es nicht wagte, einen Schritt in Marias Richtung zu machen.

Maria sah Johannes an und schritt auf ihn zu. Sie kam vom Meer und der farbenfrohe Horizont und die außergewöhnliche Ruhe des Wassers folgten ihr. Sie ging auf ihn zu und brachte den zauberhaften Duft der Wellen mit.

»Du bist gekommen«, sagte Maria, als sie Johannes gegenüber stand.

»Wusstest du, dass ich kommen würde?«, fragte Johannes erstaunt.

»Ich habe dich zu mir gebracht.«

Johannes geriet in Verlegenheit.

»Ich weiß nicht einmal, wieso ich gekommen bin. Ich gehe jetzt.«

»Ich weiß, warum du gekommen bist«, Maria strich mit einer Hand ihre Haare zurück, mit der anderen streichelte sie die Delfinschnauze, »willst du, dass ich dir das wahre Meer zeige?«

Johannes stand am Ufer und trug eine weiße Hose und einen Pullover. Er erinnerte an einen Oberschüler, der die Schule schwänzte.

»Hast du den Horizont schon einmal aus der Nähe gesehen?«, fuhr Maria fort und zog das grobe Kleid aus. Sie stand wie die Vollkommenheit selbst im Sonnenlicht und ihr Gesicht war erfüllt von einem breiten, strahlenden Lächeln.

»Komm mit mir«, sagte Maria und setzte sich geschickt auf den Delfinrücken.

Als sie aufs offene Meer kamen, drehte sich Maria mit dem ganzen Körper um und schlang ihre Beine um Johannes' Taille.

»Willst du mir nichts sagen?«

Johannes lächelte.

»Was willst du, dass ich dir sage?«

»Dass es schön ist, mit mir zu sein.«

»Das weißt du doch auch so, Maria …«

Marias Gesicht bekam Risse.

»Nein. Ich weiß es nicht. Ich will, dass du es sagst.«

»Maria …«

Maria atmete tief die Meerluft ein.

»Spürst du den Duft der Sonne?«, fragte sie Johannes.

»Ich weiß nicht, wie die Sonne duftet«, antwortete der Junge. Sein weißer Pullover war nass geworden und er sah seltsam aus.

»Den Duft der Sonne können diejenigen wahrnehmen, die in ihrem Leben schon einmal jemanden mehr geliebt haben als sich selbst. Hast du je so geliebt?«

»Ich glaube, ja«, sagte Johannes.

Marias Gesicht wurde düster und sie drehte sich um. Johannes konnte seinen Blick nicht abwenden von ihrem dünnen Hals, ihren Schlüsselbeinen und ihren nackten Brüsten, die von hinten an die Hänge einer in der Wüste aufgetürmten Dünenkette erinnerten.

»Atme tief ein«, flüsterte Maria, »es ist ausgeschlossen, dass man liebt und den Duft der Sonne nicht spürt. Es ist einfach ausgeschlossen.«

*

Auf einem mit Veilchen bedeckten Feld im Osten der Stadt lag Maria. Johannes' Kopf lag in ihrem Schoß und sie fühlte sich wie die Herrscherin über das ganze Universum. Johannes streichelte ihr welliges zerzaustes Haar. Maria lächelte mit geschlossenen Augen. Sie konnte nun sogar den Duft des Mondes um Mitternacht wahrnehmen.

»Wie sind deine Eltern so?«, fragte sie Johannes unvermittelt.

»Normal«, lachte Johannes. »Mutter macht sich ständig Sorgen, Vater steht stets auf meiner Seite. Manchmal haben sie Meinungsverschiedenheiten, aber richtig gestritten haben sie sich noch nie.«

Maria seufzte.

»Ich kann mich an meine Mutter nicht erinnern«, sagte sie leise, »ich kenne nicht mal ihren Namen. Mein Vater hat ihn nie erwähnt.«

»Merkwürdig«, Johannes zuckte mit den Schultern.

»Stimmt«, bestätigte Maria, »Vater war ein Seemann, er war gütig und sympathisch. Ich weiß noch, dass sich auf seinen Wangen kleine Grübchen bildeten, wenn er lachte.«

»Genau wie bei dir.«

»Wirklich?«, freute sich Maria. »Ich wollte immer wissen, ob ich ihm ähnele oder nicht. Ich hatte noch nie einen richtigen Spiegel, mit dem ich mich selbst betrachten konnte.«

Johannes beugte sich zu ihr und küsste Marias Stirn.

»Man sagt, dass meine Mutter nicht aus dieser Gegend war, aber gesehen hat sie nie jemand«, fuhr Maria fort, »ich wurde von meinem Vater großgezogen. Eines Tages aber, als ich neun Jahre alt war, ging Vater ins Meer und kam nicht mehr zurück. Ich sagte mir, dass er zur Sonne gegangen ist. Er hat mir immer erklärt, dass derjenige, der immer gute Taten vollbringt und trotz Schmerzen nicht verbittert, von der Sonne zu sich genommen wird. Er meinte, dass die Sonne in Wirklichkeit das Licht sei, das aus den Herzen genau solcher Menschen besteht.«

Maria weinte. Johannes berührte vorsichtig ihre Lippen und spürte mit seinem ganzen Wesen das Salz ihrer Tränen.

»Ich bin alleine groß geworden. Mir hat keiner erklärt, was passiert, wenn Mädchen zu Frauen werden. Deshalb glaubte ich, sterben zu müssen, als ich sah, wie an meinen Beinen Blut heruntertropfte. Ich lag auf dem Boden und wartete, wann ich aufhören würde zu atmen, bis mich eine Nachbarin am nächsten Tag fand, zusammengekrümmt und blutverschmiert. Auch das Lesen und Schreiben brachte ich mir selbst bei. Dann schaffte ich es sogar, in die Schule zu gehen. Täglich schleppte ich die Bücher aus der Bibliothek nach Hause und las sie. Ich las ständig, bei Sonnen- und bei Mondlicht.«

»Du bist das beste Mädchen der Welt«, sagte Johannes leise zu ihr.

»Nein, so ist es nicht«, lächelte Maria, »ich will einfach, dass die Sonne auch mich eines Tages zu sich nimmt. Das Leben fällt einem leichter, wenn man daran glaubt.«

Johannes stand auf. Er hielt einen Veilchenstrauß in den Händen.

»Zieh dich aus«, sagte er zu Maria.

Maria war perplex.

»Bitte …«, fügte Johannes hinzu.

Maria zog das grobe Kleid mit langsamen Bewegungen aus. Johannes kam zu ihr, legte sie vorsichtig auf die Wiese und bedeckte ihre Brust mit Veilchen.

»Ich will dich so in Erinnerung behalten«, sagte Johannes und küsste sie.

»In Erinnerung behalten?«, Maria stützte sich auf die Ellenbogen. »Was soll das heißen, du willst mich in Erinnerung behalten?«

»Kommst du mit zum Stadtfest?« Johannes wechselte hastig das Thema.

»Natürlich!«, Maria zuckte vor Freude. »Natürlich komme ich mit!«

Als Maria bei Sonnenaufgang nach Hause kam, fand sie vor ihrer Holzhütte eine Kiste, in der ein langes, hellblaues Kleid lag.

»Wahrscheinlich hat Johannes es mir geschickt«, dachte sie und dieser Gedanke erfüllte sie mit einem unbeschreiblichen Glücksgefühl.

Am nächsten Tag sah die Stadt eine ganz andere Maria. Maria, wie sie sie vorher nicht kannte, die verliebte Maria. Maria – die Königin der Ärmsten in den armseligen Holzhütten.

*

»Das ist mein Freund, William«, Johannes zeigte mit dem Finger auf das Foto, »wir haben gemeinsam in der Basketballmannschaft der Uni gespielt. Er ist ein guter Junge. Vielleicht kommt er uns diesen Herbst besuchen.«

»Spielst du gut?« Marias Augen leuchteten auf.

»Mittelmäßig«, Johannes blieb ehrlich, »man kann auch besser spielen.«

»Auch ich will an der Universität studieren«, sagte Maria plötzlich. »Wenn ich könnte, würde ich etwas Interessantes studieren, was den Menschen nützt. Es ist bestimmt sehr schön, wenn man Menschen helfen kann.«

Johannes streichelte ihr den Kopf und nahm ein anderes Foto aus dem Album: »Das ist Markus, wir wohnten während der Studienzeit in einem Haus.«

»Wer ist dieses Mädchen?«, fragte Maria mit großem Interesse.

»Welches Mädchen?« Johannes war irritiert.

»Hier, dieses hübsche Mädchen zwischen dir und Markus«, Maria zeigte mit dem Finger auf das Foto.

»Maria, was erzählst du da? Hier sind nur Markus und ich.«

Maria erstarrte. Das Mädchen, das sie auf dem Foto sah, hatte genau die gleichen Lippen und Augen wie der Schatten, den sie in Johannes' Haus gesehen hatte.

»Ich sehe da ein Mädchen«, sagte Maria leise, »ein hübsches Mädchen. Ihre Lippen sind rot gefärbt, die Augen schwarz. Sie trägt ein kurzes, weißes Kleid.«

Johannes Augen wurden größer.

»Das ist nicht möglich«, murmelte er.

»Was ist nicht möglich?«, fragte Maria.

»Es ist nicht möglich, dass du auf dem Foto den Menschen siehst, der uns fotografiert hat.«

Marias Augen verengten sich.

»Nicht für mich. Sag mir, wer sie ist.«

»Es ist eine lange Geschichte. Ich erzähle sie dir ein anderes Mal«, sagte Johannes und klappte das Album zu.

Maria sagte kein Wort.

Als sie nach Hause zurückkehrte, fand sie noch ein Geschenk – in der Mitte der Holzhütte stand ein riesiger Spiegel. An seinem Rahmen hatte jemand einen kleinen Zettel befestigt. Maria konnte die handgeschriebene Notiz nur mit Mühe lesen: »Damit du niemals vergisst, wie schön du bist.«

Maria betrachtete voll Erstaunen ihr Spiegelbild. Mit dem welligen Haar, ihrem Lächeln und den Grübchen ähnelte sie ihrem Vater. Die klaren hellblauen Augen dagegen kamen ihr nicht bekannt vor. Sie mussten von ihrer Mutter stammen. Sie betrachtete aufmerksam ihre Brust, ihre Hüften, ihre Beine, ihre Wirbelsäule. Sie zog das Gesicht im Spiegel mit dem Zeigefinger nach und lächelte. Sie drehte sich um sich selbst. Dann noch einmal. Und wieder und wieder. Nun war sie imstande, sich zu lieben.

Als sie sich genug gedreht hatte und noch einmal aufmerksam in den Spiegel schaute, fiel Maria ein, wo sie ihre Augen schon einmal gesehen hatte – die Augen der Meerjungfrau, die an der Decke in Johannes' Keller abgebildet war und Bernsteintränen weinte, sahen Marias Augen erstaunlich ähnlich.

*

Das Meer schwieg. Maria kniete genau dort, wo Wellen und Ufer aufeinandertrafen, und hielt die Handflächen dem Wasser entgegen. Die Flut stieg an.

»Hallo, Mutter«, sagte Maria, »endlich begegnen wir uns.«

Das Wasser schlug Wellen.

»Ich wollte sagen, dass ich dir für alles danke«, fuhr Maria fort, »für alle Gaben und Talente, die ich von dir geerbt habe, auch für deine Augen bin ich dankbar. Ich bin dankbar, dass ich dort geboren wurde, wo sich Meer und Sonne treffen. Ich danke dir, dass du meinen Vater ausgewählt hast. Ich weiß, dass du ihn ausgewählt hast. Das hat mir keiner gesagt, aber ich weiß es einfach. Das Leben von Frauen wie dir ist nun einmal so. Danke, dass ich dir auch in dieser Hinsicht gleiche.«

Das Meer wurde stürmisch und schlug gegen das Ufer.

»Mutter«, Maria senkte ihre Stimme, »ich bitte dich, mir im Wasser das zu zeigen, was ich bereits weiß. Zeig mir das Mädchen, dessen Schatten ich sehe. Sag mir, was passieren wird.«

Das Meer wand sich.

»Ich kann es ertragen«, lächelte Maria, »und du weißt es.«

Um ihre Hände herum bildete sich ein Strudel. Das Wasser drehte sich, es drehte sich so wie Maria vor dem Spiegel, und am Ende erschien sie an der Oberfläche, sie, die zwei Monate später in die auf dem Wasser erbaute Stadt kommen würde, um Johannes zu heiraten. Das Mädchen, das Maria aus dem Wasser heraus anschaute, hieß Irene.

*

Maria, die nun in einem neuen, großen und hellen Haus lebte, bekam mit vierunddreißig Jahren die Brustkrebsdiagnose.

»Ihr Leben ist daran schuld«, sagte der Arzt zu ihr, »ihr ewiger Kummer. Nichts geht ohne Folgen vorbei.«

Sie kämpfte sehr lange mit der Krankheit. Sie kämpfte, wie das Wasser den Fels bekämpft – unaufhörlich und schonungslos. Ihre Brüste wurden dennoch entfernt.

Eines Abends, als sie gerade nach Hause gekommen war, holte Maria aus dem Abstellraum ihren ersten Spiegel hervor und zog sich aus. Sie stand nackt in der Zimmermitte, wie damals, als Johannes zufällig ihre Hütte entdeckt hatte, sie stand da und besah ihr Spiegelbild – ihre schlanken Beine, die abgemagerten Hüften, die müde hängenden Schultern und die anstatt der entfernten Brust eintätowierten Veilchen.

Maria legte den Zeigefinger auf die Spiegeloberfläche, sie zeichnete erst ihr Gesicht, dann die Konturen der Veilchen nach.

»Damit du niemals vergisst, wie hübsch du bist«, sagte sie, »damit du es niemals vergisst.«

Anna-Ulrike

Irene, meine Mutter, starb bei Sonnenaufgang. Sie hatte ihr
Atelier in den letzten zwei Wochen nicht verlassen. Auch
ich ging nicht hinein. Sie hasste es, bei der Arbeit beobach-
tet zu werden. Nur Vater ging zu ihr, er brachte ihr Wasser,
Essen und Blumen mit. Es war das Schicksal meiner Mutter – die Männer, mit denen sie zusammenlebte, liebten sie
abgöttisch.

Sie war nicht krank. Ihr fehlte nichts. Sie malte. Als der vierzehnte Tag anbrach, kam Vater in mein Zimmer, weckte mich und sagte, dass Irene von der letzten Freude verlassen worden war. Ich weinte nicht. Ich versuchte, tief zu atmen. Sie hatte es mir selbst beigebracht – die Selbstbeherrschung und das Verstecken der eigenen Emotionen. Ich stand auf, ging die Treppe hinauf und betrat das Atelier.

Irene lag auf dem Boden. Sie trug ihr mit breiten weißen Spitzen verziertes Lieblingskleid und auf dem leuchtend weißen Hintergrund ihres Körpers waren einige schwarze Löcher oder Bissspuren zu sehen. In Wirklichkeit waren es wahrscheinlich weder Löcher noch Bissspuren. Es sah so aus, als ob sie von innen zerfetzt worden wäre, und aus diesen merkwürdigen Löchern sickerte eine schwarze, dicke Flüssigkeit.

Irene, meine Mutter, war schon immer eine hübsche Frau – hübsch, klug und streng. Sogar als Kind fiel es mir schwer, sie mit »Mutter« anzusprechen. Meist nannte ich sie bei ihrem Vornamen. Ich hatte noch nie über ihren Tod nachgedacht. Ich glaubte, nichts könnte sie besiegen. Aber auch wenn ich darüber nachgedacht hätte, hätte ich mir niemals vorstellen können, dass ich sie je in einem solchem Zustand sehen würde – reglos daliegend, mit zerfressener Haut und dieser widerlichen Flüssigkeit, die aus dem Körper austrat.

Ich lehnte mich völlig entkräftet an die Wand und schaute zur Decke hinauf. Vater stellte sich neben mich.

»Der Kummer hat sie aufgefressen«, sagte er, noch bevor ich etwas gefragt hatte. Ich legte den Kopf an seine Schulter. Er hatte warme Schultern.

»Was sollen wir jetzt tun?«, fragte ich. Ich meinte eher, was er ohne Irene machen sollte. Was sollte er tagein, tagaus machen, wenn er nicht Mutters Wünsche zu erfüllen hätte?

»Ich weiß es nicht«, sagte Vater zu mir. Er versuchte weder sich aufzumuntern noch mich. Die größte Liebe seines Lebens lag in ihrem eigenen Atelier, vor Kummer zerfressen – ich gebe mir selbst die Schuld, weil es mir nicht gelungen ist, Irene ihre Freude zu erhalten.

Ich sagte nichts mehr.

Mein Vater stand wie ein Baum mit abgesägten Ästen und schaute auf Mutter herab.

*

Ich glaubte nie an die Theorie meines Vaters, dass ein Mensch dann stirbt, wenn ihn die letzte Freude verlässt. Wenn es so wäre, wäre ich vor meiner Mutter gestorben, denn ich wusste ganz genau, dass sowohl mein Körper als auch mein Geist in dem Moment entleert wurden, als Daniel fortging.

Ich liebte ihn. Ich liebte ihn mit einer Liebe, die imstande ist, dir unerträgliche Schmerzen zuzufügen, dich nachts aufzuwecken, dich beim Gehen auf der Straße zusammenbrechen zu lassen, dich in deine Einzelteile zu zerlegen, dich weinen zu lassen, dir die Haut abzuziehen, dich dich selbst vergessen zu lassen, dich sagen zu lassen, dass du nicht mehr kannst, dass du nichts mehr willst und dass du auf alles und jeden verzichtest, um ihn an deiner Seite zu haben. Seit dem Tag, als ich seine Augen zum ersten Mal sah, glaubte ich, den Jungen gefunden zu haben, der mein Leben vollkommen machen würde. Ich hatte den klügsten, reinherzigsten und sympathischsten Jungen gefunden, der nicht lachte, als ich ihm sagte, dass ich vorhatte, neben leiblichen Kinder auch ein Adoptivkind aufzuziehen, der meine Träume verstehen konnte, der Bücher las und viel reiste. Auf den ersten Blick war er der Mann, mit dem ich mein Leben verbringen wollte. Auch später änderte ich meine Meinung nicht. Damals wusste ich noch nicht, dass das Leben weder Lesen noch Reisen ist, sondern eher ein Auf-der-Stelle-Treten, während die Liebe, die wir für ein endloses Fest halten, nichts weiter ist, als die Schmerzen zu teilen und die eigene Haut einem anderen Menschen zu geben, damit er nicht friert.

Er hat nie gesagt, dass er mich liebt. Auch ich habe es nicht gesagt. Ich zog es vor, es erst von ihm zu hören. Wenn ich ihm sagte, dass ich ihn vermisste, lächelte er. Ich begriff zu spät, dass er mich selbst nie vermisste. Wenn ich den Arm um seinen Nacken legte und ihn auf die Schläfe küsste, drückte er mich an seine Brust, doch nicht mit ganzer Kraft. Wenn er auf Reisen ging, benachrichtigte er mich immer, dass er gut angekommen war, brachte mir aber nie irgendein Geschenk mit. Das Einzige, was er stets sagte, war, dass er stolz auf mich war, und ich versuchte seine Worte so zu interpretieren, wie es mir passte, um mich selbst davon zu überzeugen, dass er mich liebte – wenn auch nicht so stark wie ich ihn, doch zumindest so, dass er meine Liebe ertragen konnte.

Jedes Mal, wenn wir in Korbstühlen im Café am Flussufer saßen und Milchkaffee tranken, wenn ich meine angewinkelten Beinen gegen die Tischkante drückte und Daniel anschaute, sagte er: »Wie du dich selbst liebst, Anna, wie sehr du dich liebst«, und er lachte.

In diesen Momenten wollte ich ihm sagen, dass er sich irrte, dass ich in Wirklichkeit ihn mehr liebte als mich selbst, sogar mehr als die ganze Welt. Ich sagte es nie. Ich befürchtete, dass er früher oder später zusammenbrechen und ich entdecken würde, dass ich ihm gar nichts bedeutete.

Daniel war der Einzige, für den ich bereit war, Kompromisse einzugehen. Ich, die ich nie zu Rückzügen neigte, machte ihm stets Zugeständnisse, gab ihm Recht, rechtfertigte seine mangelnde Zeit und Aufmerksamkeit. Ich verzieh ihm, dass er nicht wusste, wer mein Lieblingsschriftsteller war, dass er meine schönen Kleider nie bemerkte, dass er sogar dann, wenn ich es nur mit Mühe schaffte zu lächeln, nie fragte, ob ich müde sei oder ob mir etwas fehle. Eine einzige Berührung, ein Anruf, ein Brief von ihm bedeuteten alles für mich. Ich sagte mir, dass er nur nicht imstande sei, seine Liebe zu zeigen und wandte zugleich meinem Blick von meinem Spiegelbild ab, weil ich wusste, dass ich log. Ich verteidigte ihn so lange, bis ich sah, wie er eine andere liebte – abgöttisch, mit Geschenken und Blumen, mit Treffen auf Caféterrassen und Theaterbesuchen. Er liebte sie so, wie er mich lieben sollte, denn keine andere hatte Daniels Liebe so sehr verdient wie ich.

Ich hatte das neue, dritte Buch gerade erst seit einem Monat begonnen, als Daniel mich verließ. Ich wollte ihn bitten, mir zu helfen, es zu Ende zu schreiben. Ich wollte ihm sagen, dass ich ohne ihn nichts und niemand war, zu nichts imstande, zu nichts zu gebrauchen ohne seine Gegenwart, doch ich schwieg. Er hätte es sowieso nicht geglaubt. Er wollte einfach nicht daran glauben, denn wenn die Menschen wollen, glauben sie sogar an das Unglaubliche.

Er erklärte mir nichts. Eines Tages, als ich die Straße entlangspazierte, sah ich ein Mädchen. Genau so ein Mädchen, wie es Daniel gefallen würde. Ich blieb stehen und schaute ihr nach. Und mir wurde klar, dass sie eine wichtige Person sein müsste. Eine Woche später erfuhr ich von gemeinsamen Freunden, dass Daniel sich verlobt hatte. Man zeigte mir ein Foto seiner Verlobten. Es war das Mädchen, das ich auf der Straße gesehen hatte.

Ich lachte. Besser gesagt, erst stockte mir der Atem und ich kann mich nicht erinnern, wie ich die nächsten drei Tage verbrachte, doch dann lachte ich. Sie war ein hübsches Mädchen, groß, schlank, mit kindlichem Gesichtsausdruck, nicht besonders klug. Ich lachte und beruhigte mich irgendwie. Wenn die Person, die man dir vorzieht, kaum Ähnlichkeit mit dir hat, erscheint das Leben nicht mehr so unerträglich wie im ersten Moment. Am Ende aber, als die trügerische Ruhe vorüber war, glaubte ich, gestorben zu sein.

Ich hasste meinen sechsten Sinn, der mir unter unzähligen Personen genau diejenige zu erkennen gab, die von Daniel geliebt wurde. Ich hasste mich selbst, hasste mich, weil ich es nicht geschafft hatte, mich Daniel würdig zu erweisen, weil ich seine Liebe durch nichts hatte erobern können. Ich hasste meine Mitmenschen, die nicht begriffen, dass die Welt um mich herum zerstört wurde, die mich davon überzeugen wollten, dass Daniel und ich sowieso nicht hätten zusammen bleiben können und dass sich jetzt, da er fortgegangen war, alles zum Besseren wenden würde. Niemand begriff, dass mich jede Nacht ein unerträglicher Schmerz aus dem Schlaf riss, den ich durch nichts lindern konnte. Ich wollte nichts, nichts erfreute mich. Auch mit dem Schreiben hörte ich auf. Doch am meisten widerte mich mein eigener Körper an, dessen Unvollkommenheit ich mehr als allem anderen die Schuld an Daniels Fortgehen gab.

Der Mensch, der eine große Liebe verliert, ähnelt einer Stadt nach dem Hochwasser, einer Stadt, in der nichts mehr an seinem Platz ist, einer Stadt, deren Häuser zerstört sind, wo die Menschen gestorben sind, wo die gefluteten Erinnerungen hier und da an den in Skelette verwandelten Bäumen hängen geblieben sind, wo streunende Seelen sich eingenistet haben. Ich war die Stadt, die vom Leben verlassen war.

Ich hatte keine Kraft mehr. Von mir sagte man immer, dass ich alles schaffen könnte, alles, was ich wollte – und sei es, immer wieder neu anzufangen im Leben, doch Daniels Fortgehen raubte mich mir selbst. Ich legte mich hin, ohne mich auszuziehen, und versuchte, einzuschlafen, doch vergebens. Selbst der Schlaf hatte mich verlassen. Ohne Daniel sah ich keine Nachtträume mehr, spürte weder Sonnenaufgang noch Sonnenuntergang. Das Leben, das ich so geliebt hatte, gehörte mir nicht mehr. Jeden Abend, wenn ich die Fenster schloss, sah ich den Weg, der nicht existierte, und Daniel, der seine Taschen mit dem mir gestohlenen Glück vollgestopft hatte und unbeschwert einer anderen Welt entgegenschritt, in der man noch nichts über die Liebe gehört hatte.

Ich war gefangen zwischen Wirklichkeit und Nachttraum, ich sah Menschen, die einander liebten, und spürte, dass zwischen ihnen und mir eine unsichtbare Mauer errichtet worden war. Ich saß abends in einem Straßencafé, bestellte Eiskaffee mit Karamell und versuchte mich zu erinnern, dass auch ich vor langer Zeit einen Mitschüler im Sommerkino geküsst hatte, dass auch mir Blumen geschenkt worden waren, dass auch ich einst ein Mädchen war, das geliebt wurde.

Ich fühlte mich so allein, dass ich befürchtete, die Welt um mich herum könnte eines Tages einfach zu atmen aufhören. Ich konnte nicht einmal jemanden um Hilfe bitten. Ich versuchte, so zu tun, als ob alles in geregelten Bahnen verlief, während ich mich in Wirklichkeit Tag für Tag Schritt für Schritt der Grenze näherte, an der das Leben endet.

Meinem Haus gegenüber stand ein Maulbeerbaum, dessen Äste sich über die ganze Straße reckten. Ab Ende Mai trug er schwarze Früchte und färbte den Asphalt, die Fahrspur und beide Gehwege schwarz. Immer wenn ich mitten in der Nacht nach Hause kam, stellte ich das Auto unter dem Maulbeerbaum ab. Diesen Platz machte mir niemand streitig. Keiner wollte am Morgen einen von süßen Früchten verschmierten Wagen vorfinden. Aber wenn ich das Haus verließ und den Baum und mein schwarzgefärbtes Auto sah, wenn ich unter meinen Füßen den verklebten Asphalt und die mit dem Staub vermischten Früchte spürte, fühlte ich das Leben. Der Maulbeerbaum war das Einzige, das mich noch mit dem Universum verband. Und wenn ich mit dem mit Maulbeeren übersäten Auto fuhr, blitzte manchmal der Gedanke auf, dass ich noch nicht alles verloren hatte.

Ich bekam Angstzustände. Ich zog für einige Zeit zu meinen Eltern. Mein Vater fragte nicht nach dem Grund, er freute sich einfach. Meine Mutter begriff, dass etwas Schreckliches passiert sein musste, doch zu meinem Erstaunen stellte auch sie keine Fragen. Sie räumte mein altes Zimmer mit Blick auf den kleinen Garten hastig auf und riet mir, nachts das Fenster nicht zu schließen, damit ich den von draußen hereinströmenden Lindenduft wahrnehmen und ruhig einschlafen konnte.

Daniel heiratete schon bald das Mädchen, in das er sich verliebt hatte. Ich versuchte, nicht mehr an ihn zu denken, doch vom Lindenduft berauscht, sah ich im Nachttraum sehr oft, wie er zu mir kam, sich neben mich legte, mich von hinten umarmte und meinen Rücken an sein Herz drückte, das Gesicht in meinen Haaren vergrub und einschlief. Wenn ich Daniel im Nachttraum sah, spürte ich eine unbeschreibliche Wärme in meinem Körper und für einen Augenblick kehrten alle menschlichen Gefühle zurück, die mich verlassen hatten.

*

Meine Mutter hinterließ mir ein eigenartiges Erbe – ihre Gemälde, einen schrecklichen Charakter und das Haus ihres ersten Ehemannes in einer kleinen Stadt im Norden, von der ich noch nie etwas gehört hatte. Laut Irenes Testament wurde ich beauftragt, eine große Ausstellung und den Verkauf ihrer Bilder zu organisieren und mit dem Erlös eine Stiftung zur Rehabilitation von Frauen mit Brustkrebs zu unterstützen, danach drei Monate in jener Nordstadt zu verbringen, die von drei Seiten vom Wasser umgeben war, in dem Haus, wo meine Mutter als junge Frau während ihrer ersten Ehe gelebt hatte, und erst dann durfte ich mich entscheiden, ob ich es verkaufen, behalten oder einer Organisation für wohltätige Zwecke spenden wollte.

Mir war alles egal. Der Sommer begann. Die Vorlesungszeit war zu Ende. Die Arbeiten der Studenten hatte ich bereits korrigiert, die Prüfungen abgenommen. Bis zum Herbst hatte ich frei. Der Gedanke an den Herbst jagte mir Angst ein – es ist schwer, wenn du deinen neunundzwanzigsten Geburtstag mit einem völlig zerstörten Privatleben begehst. Auch dann, wenn man dich auf der Straße erkennt, wenn die Menschen dir sagen, wie sehr sie deine Bücher lieben und dich um ein Autogramm bitten. Auch dann ist es schwer.

»Ich denke, du musst dort hin«, sagte Vater, »ich weiß nicht, was dich dort erwartet, aber du weißt doch, wie Irene war. Sie hätte nicht ohne Grund darauf bestanden, dass du hinfährst.«

»Was weißt du über Mutters Leben dort?«

»Rein gar nichts«, schüttelte er den Kopf, »sie hat nie von jener Zeit erzählt, auch nicht von ihrem ersten Mann.«

Vater zögerte kurz und fügte dann lächelnd hinzu: »Niemand erzählt dem zweiten Ehemann vom Ersten, mein Mädchen.«

Ich musste lachen. Vater und ich waren immer gute Freunde. Er brachte mich zur Schule und zum Nachhilfeunterricht, ließ mit mir am ersten Samstag im Frühling Drachen steigen, versuchte, mir Fahrradfahren beizubringen, was ich wegen meiner Talentlosigkeit doch nicht gelernt habe, er las mir Märchen vor dem Einschlafen vor und sagte mir, dass das Wichtigste überhaupt im Leben eine eigene Meinung und ein eigener Weg sei.

»Ich weiß, dass etwas Schwerwiegendes auf dir lastet und dass du Angst hast«, sagte er leise zu mir, »aber ich will, dass du immer daran denkst: Das Leben ist nichts weiter als das ständige Überwinden der eigenen Ängste.«

Ich sah ihn an. Er schien wie immer ruhig und von seinen Worten überzeugt zu sein. Er streichelte mit der linken Hand über meine Wange und es war mir, als ob die Wärme seines Herzens sich auf mein ganzes Gesicht ausbreiten und innerhalb einer Sekunde das Eis schmelzen würde, das meinem Körper jede Möglichkeit zu atmen raubte.

Ich begann zu weinen. Seit dem Moment, als ich erfuhr, dass Daniel sich in eine andere verliebt hatte, sehnte ich mich danach, wenigstens eine einzige Träne vergießen zu können. Ich konnte selbst dann nicht weinen, als ich das Geräusch der herabfallenden Erde an Irenes Grab hörte.

Ich saß da und weinte, ich weinte und aus meinem erschöpften, zerfallenen und zersprungenen Körper entwich der Schmerz nach und nach. Er entwich und hinterließ eine unbeugsame Leere.

*

Vor der Abreise traf ich Maxime. Wir waren vor sehr langer Zeit zusammen ausgegangen, nur einen Monat lang. Seitdem trafen wir uns in schwierigen Zeiten manchmal auf eine Tasse Tee. Er behauptete immer, dass er nie die Lust verloren hätte, mit mir zusammen zu sein, ihm gelänge einfach keine längere Beziehung. Wie alle anderen gab auch er meinem Charakter die Schuld an allem, doch mein schlechter Charakter war in Wirklichkeit nichts anderes als das ewige Streben nach Unabhängigkeit, mit dem kein Mann zurechtkam, dem ich auf meinem Lebensweg begegnete.

Maxime saß vor mir und trank mit großen Schlucken Tee aus einer großen, weißen Tasse.

»Wieso läufst du nicht vor mir davon?«, fragte ich ihn plötzlich.

Er antwortete nicht. Er lächelte nur. Das dachte ich mir. Er beugte sich zu mir, strich mit seinen Fingern über mein Gesicht von der Schläfe bis zum Kinn und küsste mich. Ich hatte seinen Kuss nie gemocht. Maximes Lippen schmeckten nach nichts.

»Willst du heute bei mir bleiben?«, fragte er. Seine Augen hatten die gleiche Farbe wie der Tee in seiner Tasse.

»Nein«, sagte ich zu ihm und stand auf, »ich will nicht mit dir sein.«

Er lächelte mich wieder an.

In Wirklichkeit hat er mich nie geliebt.

*

Ich kam bei Sonnenaufgang in der Stadt an. Die Straßen waren menschenleer. Ich parkte das Auto an einem Platz, von dem es, vermutete ich, nicht weit zum Hauptplatz der Stadt sein konnte, schloss es ab, zog meinen Regenmantel an und ging über die Pflastersteine. Es war kühl. Ich ging langsam, betrachtete die Häuser und Straßen und versuchte zu verstehen, warum meine Mutter sich gewünscht hatte, dass ich herkam. Aber mir fiel nichts ein.

Die Stadt sah alt aus, alt und ungepflegt. Mit einem Blick konnte ich mutmaßen, dass hier vor langer Zeit einmal das Leben geblüht hatte, aber nun erinnerte mich die Stadt an mich selbst, an meinen ausgelaugten Körper, der den Sonnenaufgang zwar sah, aber nicht darauf reagierte.

Ich erreichte den Hauptplatz sehr schnell. Meine Augen taten mir weh und ich zitterte vor Schlaflosigkeit. Der Geruch von Milchkaffee stieg mir in die Nase – er kam aus dem Erdgeschoss eines grünen Hauses mit bunten Fensterläden. »Café Roter Krake« stand auf dem baumelnden

Ladenschild am Eingang. Ich musste lachen. Einige Tische standen draußen und waren von Töpfen mit kleinen Berberitzen-, Zitronen- und Kirschbäumen umringt.

Der Wind wehte und ließ die Wetterfahnen quietschen. Ich blickte nach oben. Die Wetterfahne des grünen Hauses hatte die Form eines Fisches. Wieder bemerkte ich den Duft des frischgebrühten Kaffees. Ich beschloss, erst einmal einen Kaffee zu trinken und mein sonderbares Erbe später zu besichtigen.

Hinter dem Tresen des »Roten Kraken« erblickte ich ein Mädchen, das etwa so alt war wie ich. Sie war mit Croissants und Broten beschäftigt. Ich grüßte sie. Sie sah mich an und lächelte. Sie war hübsch, trug ein schlichtes, grünes Kleid. Die Haare waren nach hinten gekämmt.

»Ich hätte gern einen Milchkaffee, bitte«, sagte ich und versuchte auch zu lächeln, aber ich glaube, es gelang mir nicht, »und noch ein Croissant.«

»Warten Sie bitte zwei Minuten, ich mache Ihnen den Kaffee fertig«, sagte sie zu mir und goss die Milch aus einem großen Metallbehälter in einen kleineren. »Sie sind nicht von hier, nicht wahr?«

»Stimmt, ich bin gerade angekommen«, ich bereute bereits, hereingekommen zu sein. Ich mochte es nicht, wenn man mir unnötige Fragen stellte, am allerwenigsten morgens.

»Bleiben Sie länger?«, meine Gastgeberin wollte keine Ruhe geben und pustete in die Milch, die auf der Flamme stand.

»Ich weiß es nicht«, gab ich zu, »wahrscheinlich werde ich nicht so schnell wieder wegfahren können.«

Das Mädchen schaltete den Herd aus und drehte sich zu mir. Sie hatte einen unendlich gutmütigen Blick.

»Das heißt, Sie werden öfters unser Gast sein. Ich bin Sofia Malewska, die Wirtin dieses Lokals.«

Ich versuchte wieder zu lächeln, was mir diesmal besser gelang.

»Anna-Ulrike.«

»Sie sind herzlich willkommen. Alles, was Sie hier sehen, ist nach unseren Familienrezepten zubereitet«, fügte Sofia hinzu und ihre Stimme klang stolz, »ich backe sogar das Brot jeden Morgen eigenhändig.«

Meine Augen weiteten sich vor Erstaunen. Ich schaffte es nie, mit meinen kulinarischen Fertigkeiten zu überzeugen.

»Kümmern Sie sich ganz alleine um das Ganze?«

»Was soll ich machen«, seufzte Sofia, »früher hatten wir Helfer, aber jetzt ist alles kompliziert geworden. Hier, bitte, Ihr Kaffee und das Croissant.«

Ich verwarf die Idee, mich nach draußen zu setzen, und nahm gleich am ersten Tisch Platz. Ich hob die Tasse an die Nase. Der Kaffee duftete wunderbar. Ich trank einen Schluck. Das heiße Getränk strömte durch meine Adern und für einen Augenblick dachte ich, dass mein Körper einen Tropfen Freude, einen Tropfen Glück zurückerlangte. Dann probierte ich das Croissant. Ich hätten schwören können, dass ich noch nie, in keiner Ecke der Welt, einen solchen Kaffee und ein solches Croissant gekostet hatte wie sie hier, in dieser von allen vergessenen nördlichen Stadt, von Sofia Malewska gemacht wurden.

Vom Kaffeeduft berauscht, merkte ich nicht, wie eine Frau das Café betrat, sich an die Theke stellte und mit der Gastgeberin zu sprechen begann: »Sofia, meine Hübsche, ich will nur einen Kaffee zum Mitnehmen. Wegen des Brots komme ich am Abend vorbei. Bitte, leg es für mich zurück.«

»Natürlich mache ich das«, das Lächeln wich nicht von Sofias Gesicht. »In letzter Zeit sehe ich Sie seltener.«

»Leider«, seufzte die Frau, »ich habe so viel um die Ohren. Die Gärten müssen gepflegt, die Fabrik beaufsichtigt werden. Wenn ich die Bauarbeiter nicht kontrolliere, geht alles drunter und drüber. Du weißt doch, wie es ist, Sofia, wenn du eine Frau bist, denkt jeder Mann, dass er dich über den Tisch ziehen kann.«

Ich stellte die Tasse auf dem Tisch ab. Von hinten sah sie nicht jung aus, hatte aber einen schönen Körper, lange Beine und auf ihre Schultern fiel welliges kastanienbraunes Haar. Sie trug Jeans, Schuhe ohne Absätze und ein hellblaues Hemd. Als sie das Gespräch mit Sofia beendet hatte und sich mit dem Kaffeebecher in der Hand zum Ausgang drehte, sah ich ihre wunderschönen Augen und ihre kastanienbraune Haut.

Sie sah mich an und ihr Blick erstarrte. Sie kam näher, stellte den Becher, ohne zu fragen, auf meinen Tisch ab und sah mich aufmerksam an.

»Ich hab diese Augen schon einmal gesehen«, sagte sie. Sie hatte eine hohe Stirn, ein schmales Gesicht, ihre Augen waren geschwollen. Sie war hübsch. »Ich habe sie ganz sicher schon irgendwo gesehen … Es sind Irenes Augen. Ich wusste, dass sie irgendwann einmal zurückkehren würde.«

Ich presste mich gegen die Stuhllehne. Noch nie hatte jemand bei mir eine Ähnlichkeit mit meiner Mutter festgestellt. Ich war mir sicher, dass sie beleidigt gewesen wäre, wenn jemand zu ihr gesagt hätte, dass ich ihr ähnelte. Ich war nicht halb so schön wie sie.

»Verzeihen Sie bitte«, ich brachte kaum ein Wort heraus, »ich habe honigfarbige Augen, während meine Mutter …«

»Das ist nicht das Wichtigste, Mädchen«, lachte die Frau.

Ich ärgerte mich über dieses »Mädchen«.

»Die Augenfarbe ist nicht das Wichtigste.« Das Lachen verschwand aus ihrem Gesicht und sie fuhr mit vollem Ernst fort: »Das Wichtigste ist, was hinter der Farbe zu sehen ist. Und das, was ich in deinen Augen erblickt habe, ist Irenes Seele. Ein wenig versüßt, beruhigt, verändert, aber dennoch Irenes Seele. Was hat dich hierhergeführt?«

Ich mochte Gespräche mit Fremden nie, aber in dieser Stadt war jeder ein Fremder, daher hatte ich keine große Wahl. Andernfalls müsste ich die ganzen drei Monate in vollständiger Schweigsamkeit verbringen. Ich richtete mich auf, umklammerte mit beiden Händen die Tasse und schluckte den riesigen Knoten in meinem Hals herunter.

»Ich erfülle den letzten Wunsch meiner Mutter. Sie ist vor einem Monat verstorben.«

Die Frau war sichtlich betroffen und hielt sich mit beiden Händen an einer Stuhllehne fest.

»Darf ich mich hinsetzen?«

»Natürlich.«

Sie setzte sich. Ihre Lippen zitterten kaum merklich. Sie schaute mich einige Zeit still an, dann umklammerte sie ihr Gesicht mit den Händen, um das Zittern zu unterdrücken, zog mit den Fingern die Unterlider nach unten und sagte zu mir: »Ich liebte Irene trotz allem sehr. Ich wünschte mir, wir wären einander in einem anderen Leben begegnet. Wir wären die besten Freundinnen. Ich liebte sie aus tiefstem Herzen, ohne es jemals jemandem gesagt zu haben.«

So lernte ich Maria kennen.

*

Das Haus, das ich geerbt hatte, ähnelte mit erschreckender Genauigkeit dem Haus, in dem ich aufgewachsen war – in der Anzahl und der Anordnung der Zimmer, mit den altmodischen Möbeln, mit dem Geruch und der Atmosphäre, mit dem im Dachgeschoss eingerichteten Atelier, mit der in den Keller führenden Holztreppe. Ich beschloss, außer dem Wohnzimmer und einem Schlafzimmer nichts anzurühren. Ich fegte die Zimmer und den Korridor, wusch das Geschirr, das ich benutzen wollte, sorgfältig ab, wischte den Staub von Regalen und Schränken und steckte den Kopf für alle Fälle auch in den Kamin, um einen Blick in den Schornstein zu werfen. Wäre meine Mutter eine andere, eine sich voll und ganz dem Haushalt widmende Frau gewesen, hätte ich jetzt gedacht, dass es vor ihrem Tod eine schwere Bürde für sie war, dass ich dazu nicht taugte und dass sie mir deswegen eine Lektion erteilen wollte. Aber ich kannte Irene gut, die Frau, für die die Malerei das Wichtigste auf der Welt war, hätte ihr einziges Kind nicht nicht um des Waschens und Schrubbens willen in diese verlorene Stadt geschickt.

Am Abend schloss ich die Haustür sorgfältig ab und schlenderte die Straße entlang zum Hauptplatz. Ich betrachtete alles, die Häuser, die Inschriften, die Pflanzen, die Menschen, denen ich hier und da begegnete. Alle schienen bekümmert und erschöpft zu sein.

Ich wusste nicht, wohin ich gehen sollte, also ging ich wieder zum »Roten Kraken«. Diesmal setzte ich mich nach draußen und schaute mir die Menschen an. Vor mir saß ein junges Paar. Ich konnte das Gesicht des Mädchens sehen und den Rücken des Jungen. Das Mädchen mit den blond gefärbten Haaren kokettierte unübersehbar, sie kicherte, klimperte mit den Augen, schmollte mit ihren ohnehin schon vollen, kräftig geschminkten Lippen und schwang ihr rechtes Bein, das sie über das Linke geschlagen hatte, gelegentlich sanft in die Luft. Ich versuchte, mich zu entsinnen, wann ich das letzte Mal so geleuchtet hatte, doch es gelang mir nicht. Meine Beziehung zu Daniel war eine große, ununterbrochene Angst, die Angst, dass er aufstehen und mich, ohne ein Wort zu sagen, verlassen würde, deshalb war ich nie glücklich. Ich betrachtete noch immer das hübsch zurechtgemachte Mädchen, das Kleid, das ihren Körper umschmeichelte, ihre Schuhe mit den hohen Absätzen, und mein Herz zog sich zusammen. Seitdem Daniel weg war, verzichtete ich auf schöne Kleidung. Ich saß in der völlig fremden Stadt, trug zerrissene Jeans, ein unscheinbares schwarzes T-Shirt und eine ausgeleierte gelbe Strickjacke, und der vom Meer her wehende Wind zerzauste meine offenen Haare. Ich war ein Niemand. Ein Mensch, der von niemandem geliebt wird, ist ein Niemand.

Ich konnte den Jungen, der mein Beobachtungsobjekt begleitete, nicht richtig sehen. Er trug einen grauen Anzug. Die Haare in seinem Nacken waren sehr sorgfältig rasiert. Er trommelte mit den Fingern auf den Tisch. Als er mit einer Hand nach dem Glas griff, sah ich auch seine schönen Finger und die gepflegten Nägel.

»Guten Abend«, Sofia kam zu mir, »wie geht es Ihnen?«

Sie schien ein nettes Mädchen zu sein. Sie lächelte so, wie es nur herzliche und arglose Menschen tun. Ich schämte mich, dass ich mich am Morgen kaum mit ihr unterhalten hatte.

»Gut«, antwortete ich, »vielen Dank für das Frühstück. Wirklich. So einen Kaffee und so ein Croissant hatte ich noch nirgends.«

»In unserer Familie wird alles mit Liebe zubereitet«, sagte Sofia, »wir ernähren die Menschen mit Güte und Sorgfalt, denn wir glauben, dass jemand, der mit lieblos gebackenem Brot seinen Leib füllt, niemals glücklich sein kann.«

Sie sprach so, als ob sie mir ein Märchen erzählte. Sie behandelte mich mit einer merkwürdigen Fürsorge. Sie bedeckte den Tisch mit einer neuen, spitzenverzierten Decke und stellte ein Glas Wasser vor mich hin.

»Wasser ist wichtig, so pflegte Tante Adela zu sagen. Möchten Sie etwas essen?«

»Ich hätte gern einen Pfefferminztee. Und ich würde mich sehr freuen, wenn wir uns duzen.«

»Gern«, Sofia lächelte mir noch herzlicher zu, »Pfefferminztee mit Honig, ja?«

»Mit Honig?«

»Ja. Man bekommt davon ruhige Träume.«

»Wirklich? Dann bitte mit Honig.«

Bevor Sofia mir den Tee brachte, stand das vor mir sitzende Paar auf. Der Junge zog seinen Anzug zurecht und drehte sich langsam um. Er war mittelgroß, sympathisch und elegant. Als er zu mir blickte, sah ich zwei große Sonnen, die mit unvorstellbarer Kraft unter seinen Lidern leuchteten, und schloss die Augen. Doch bevor ich den Jungen aus meinem Blickfeld verdrängen konnte, glaubte ich, auf seinem Gesicht ein flüchtiges Lächeln zu sehen.

Sofia stellte die Teekanne und eine Tasse vor mir auf den Tisch.

»Ich muss dir sagen, dass er einen sehr zweifelhaften Ruf hat«, sagte sie lachend zu mir.

»Wie bitte?« Ich ahnte nicht, dass mein Gesicht Bände sprach.

»Ich meine, dass der Junge, der gerade gegangen ist, einen zweifelhaften Ruf hat. Er geht immer mit verschiedenen Frauen aus. Damit du es für alle Fälle weißt.«

»Ich ...«

»Wir, die Malewskis, können auch das sehen, was anderen verborgen bleibt, aber wir wissen auch, was wir verraten sollen und was nicht. Denk nicht, dass ich mit allen spreche. Ich weiß nicht warum, aber ich mag dich.« Sofia nahm den Deckel der Teekanne, atmete den Duft ein, dann schloss sie ihn wieder und goss das duftende, helle Getränk in die Tasse: »Der Junge heißt Gabriel.«

*

Am Morgen traf ich Maria auf dem Fischmarkt. Sie hatte helle Schuhe, eine knielange Leinenhose und ein schlichtes, schwarzes T-Shirt an. Mit einem Korb am Arm ging sie durch die Reihen und begutachtete die noch lebenden, zappelnden Fische.

»Du bist früh aufgestanden«, sagte sie zu mir und betrachtete mich von oben bis unten, »hast du schlecht geschlafen?«

Nicht nur schlecht, ich hatte schrecklich geschlafen. Ich war mehrfach aufgewacht. Mir war, als schliche jemand im Haus herum. Ich stand auf, schaute in den Zimmern nach und verriegelte die Fenster. Ich hatte Angst, in den Keller hinunterzugehen und überprüfte nur dessen Tür. Sie war verschlossen. Ich schlief gegen Morgen ein und drei Stunden später war ich wieder auf den Beinen.

Maria fasste mich am Arm.

»Ich schaue dich an und sehe, dass du etwas Großes verloren hast. Ich weiß nicht, was passiert ist, aber um dich herum ist ein so großer Schmerz, dass ich manchmal Schwierigkeiten habe, deine Gesichtszüge zu erkennen.«

Ich senkte den Kopf und schaute auf die Erde. Mir war so sehr nach Weinen zumute, dass es mir sogar schwerfiel, mich auf den Beinen zu halten.

»Jeder Mensch kann den Schmerz besiegen«, sagte Maria, »jeder Mensch wird mit der dazu nötigen Kraft geboren. Diese Kraft ist in dir größer als bei der anderen. Hab keine Angst, sie herauszulocken und zu verwenden. Ich verstehe jetzt noch nicht, warum deine Mutter dich hierher geschickt hat, aber ich kannte sie und ich bin mir sicher, dass sie nichts ohne Grund getan hätte.«

Sie legte ihren Arm um meine Schultern und führte mich zur Straße. »Willst du Tee trinken?«

Ich weiß nicht, warum, aber plötzlich begann ich zu reden. Diese Frau, die durch etwas Großes und Rätselhaftes mit meiner Mutter verbunden war, weckte in mir ein endloses Vertrauen. Sie ging neben mir her und ich erzählte ihr von Daniel. Ich erzählte ihr die Geschichte, die ich Irene nie erzählt hatte. Ich erzählte, wie unglücklich ich war, ich erzählte, dass ich nicht mehr schreiben konnte und dass ich zu meinem Leben nicht mehr zurückkehren und meinen Weg nicht ohne Daniel fortführen wollte.

Ehe ich nicht alles erzählt hatte, was mir am Herzen lag, sagte Maria kein Wort. Aber ich wusste, dass sie jedes Wort, jeden Atem, jede Pause wahrnahm. Sie schien genau nachvollziehen zu können, wie es mir erging.

»Niemand stirbt aus Liebe«, sagte sie am Ende, »auch nicht durch fehlende Liebe. Gerade dann, wenn man verlassen wird, ist das Überleben das Wichtigste überhaupt. Danach wird sich alles regeln.«

Ich holte tief Luft. Meine Lungen füllten sich mit dem Fischgeruch. Maria hielt an, drehte mich zu sich und sagte leise: »Du bist sehr wütend auf Daniel.«

»Sehr.« Ich merkte nicht einmal, dass wir auf der Straße standen. Meine Stimme gehorchte mir nicht mehr. Es kostete mich große Anstrengung, das auszusprechen, was ich davor nicht einmal mir selbst eingestanden hatte: »Ich will, dass er stirbt.«

Maria lächelte.

»Niemand auf der Welt könnte dich in diesem Moment besser verstehen als ich. Aber merk dir einfach – vielleicht wirst du irgendwann einmal Daniels Kind treffen und es wird sich herausstellen, dass es ein wunderbares Mädchen ist, genauso eins wie du.«

*

Ich beschloss, abends joggen zu gehen. Ich nahm den Stadtplan, studierte ihn sorgfältig und markierte meinen Weg.

Ich lief bis zur goldenen Bucht. Es war heiß. Ich setzte mich an den Strand und schaute aufs Meer. Das Meer atmete ruhig. Ich fühlte mich eigenartig, weder gut noch schlecht. Ich dachte über meine Mutter und Maria nach – über ihre merkwürdige Beziehung, über ihre gemeinsame Liebe, die letztendlich keine behalten konnte. Maria hatte mir erzählt, wie sie herausfand, dass der Junge, mit dem sie sich traf, eine

Verlobte hatte; wie es war, als meine Mutter in die Stadt auf dem Wasser zog, wo sie kurze Zeit glücklich lebte, später aber, kurz nachdem sie ihr Glück verloren hatte, ihren Mann verließ und fortging. Sie erzählte, wie Johannes versuchte, sich mit Maria zu versöhnen und wie er, von ihr verstoßen, aus Einsamkeit Selbstmord beging.

»Am Ende, als es ihm sehr schlecht ging, besuchte ich ihn einmal«, hatte mir Maria am Abend zuvor erzählt, »er war hilflos und elend. Sein Geist war furchtbar verwirrt. Er sprach mit mir über sein Kind, das er in Wirklichkeit nie hatte. Er erzählte vom Nachbarsjungen, der im Alter von zwölf erblindet war und seitdem das Haus nie mehr verlassen hat. Er bat mich, nicht so lange zu bleiben, damit Irene, wenn sie nach Hause kam, mich hier nicht antraf. Ich brachte es nicht übers Herz, ihm zu sagen, dass er kein Kind hatte und auch von Irene vor langer Zeit verlassen worden war. In Wirklichkeit bin ich aus einem ganz anderen Grund zu ihm gegangen. Ich wollte ihm für das kurze Glück danken, das er mir vor langer Zeit geschenkt hatte, für die wunderbarste Liebe und Ruhe, die sich niemals wiederholen sollten. Johannes ist der Einzige, den ich je geliebt habe. Ob ich nach ihm jemanden hatte? Oh, Anna, in meinem Leben gab es viele Männer, aber das Zusammensein mit ihnen hatte mit Liebe nichts zu tun. Letztendlich schaffte ich es nicht einmal, Johannes zu sagen, was mich zu ihm geführt hatte, ich küsste ihn ein letztes Mal und ging fort.«

Ich hatte sowohl mit Maria als auch mit meiner Mutter Mitleid. Aber gegenüber Johannes hegte ich kein solches Gefühl. Er erinnerte mich aus unerklärlichem Grund an Daniel.

Eine fremde Stimme riss mich aus meinen Gedanken.

»Darf ich mich setzen?«

Ich blickte auf und wäre vor Verwunderung beinahe vom Stuhl gefallen – Gabriel stand vor mir zusammen mit einem

Mädchen – der Junge, den ich im »Roten Kraken« gesehen hatte.

»Ja, Sie dürfen«, sagte ich zu ihm und rutschte ein wenig zur Seite, als ob der Sitzplatz sonst nicht ausgereicht hätte.

Er setzte sich hin und reichte mir die Hand.

»Gabriel.«

»Anna-Ulrike«, antwortete ich und drückte seine Hand.

Er hatte kräftige, schöne Hände und den kühlen Duft des Windes, der durch die Gärten am Meer weht. Hätte ich ihn ein anderes Mal getroffen, hätte ich wahrscheinlich versucht, ihm zu gefallen, aber jetzt war ich dazu nicht imstande. Und wieso hätte der Junge, mit dem jedes Mädchen der Stadt ausgehen wollte, mich mögen sollen? Mich, deren Körperform und Gesichtsausdruck vom Kummer, der sich in mir eingenistet hatte, jeden Tag mehr zerstört wurden. Wieso hätte er das Mädchen wählen sollen, das sich selbst verloren hatte?

Einige Zeit saßen wir still.

»Es ist ein guter Platz«, sagte er.

»Ja«, stimmte ich zu, »vor allem ist er gut zum Lesen. Morgen bringe ich ein Buch mit.«

»Da kann ich nicht mitreden«, lächelte Gabriel, »ich lese sehr wenig, besser gesagt, ich lese kaum.«

In jedem anderen Fall wäre unser Gespräch hier beendet gewesen. Ich mochte keine Menschen, die Bücher verschmähten. Aber aus irgendeinem Grund änderte Gabriels Einstellung zu Büchern nichts an meiner Zuneigung zu ihm. Ich schaute ihn an. Die Sonne schien auf sein Gesicht. Er hatte erstaunlich symmetrische Gesichtszüge und ein edles Profil. Ich strich unbedacht über meine Hakennase, die mich seit meinem vierzehnten Lebensjahr nervte.

»Liest du rein gar nichts?« Keine Ahnung, warum ich einen fast völlig fremden Menschen duzte.

»Zumindest keine Belletristik, ich mag sie nicht. Ich verstehe nicht, wozu sie gut sein soll. Du liest viel, nicht wahr?«

Ich zögerte, ich konnte mich nicht entscheiden, ob ich die Wahrheit sagen sollte oder nicht. Schließlich riskierte ich es doch und gab zu: »Ja, ich lese viel. Und nicht nur das: Ich schreibe auch selbst.«

Gabriel schaute mich an und kniff die Augen zusammen:

»Bist du eine Schriftstellerin?«

»Ja.«

Er lachte laut.

»Das hättest du mir früher sagen sollen.«

Auch ich lachte.

»Früher kannte ich dich nicht.«

»Weißt du was? Versteh mich nicht so, als ob ich Bücher verabscheuen würde. Mir bleibt einfach keine Zeit zu lesen«, es klang wie eine Entschuldigung, »ich bin Chirurg, der einzige Chirurg in dieser Stadt, und wie du dir vorstellen kannst, ist das nicht leicht.«

Ich nickte.

»Deine Bücher werde ich lesen«, sagte er plötzlich.

»Das ist nicht nötig«, ich schaute zur Seite und begriff, dass ich beim Aussprechen dieser Worte sehr ehrlich war.

»Nein, ich werde sie lesen. Schreibst du gerade etwas?«

Ich erinnerte mich an das Buch, das ich fallengelassen hatte. Seitdem Daniel mich verlassen hatte, war es mir nicht gelungen, auch nur einen Schritt voranzukommen.

»Ja, ich schreibe.« Ich ließ mir nichts anmerken.

»Also, dann lese ich gleich dieses Buch«, freute sich Gabriel und lächelte. Es war ein schlaues Lächeln.

»Ich glaube, man kann sich mit ihm anfreunden«, dachte ich und schaute in die untergehende Sonne.

*

Ich gewöhnte mich allmählich an das neue Leben. Der Aufenthalt in der kleinen Stadt des Nordens stellte sich als gar nicht so langweilig heraus, wie ich es erwartet hatte. Ich hatte viel Zeit, um Sport zu treiben und zu lesen. Auch zum Schreiben. Trotzdem konnte ich mit dem auf halbem Weg abgebrochenen Buch nichts mehr anfangen.

Maria kam mich jeden Tag besuchen. Sie öffnete alle Fenster, spazierte durch alle Zimmer, während sie vor sich hin murmelte, überprüfte, ob alles in Ordnung war, brachte Fisch und Obst, wusch eigenhändig die Erdbeeren und stellte sie ungezuckert in den Kühlschrank, gab den Blumen in der Vase frisches Wasser und bevor sie die Tür hinter sich schloss, sagte sie: »Lass die verwelkten Blumen nie zu Hause stehen, Mädchen. Sie nehmen alles weg: das Leben, die Schönheit, die Freude. Sie wissen nicht, dass sie dadurch kein Seelenheil finden. Merk dir, sobald das erste Blatt vom Strauß abfällt, wirf die Blumen sofort weg.«

Abends traf ich mich mit Gabriel. Wir gingen spazieren und sprachen über tausend belanglose Sachen. Wir hatten kaum Gemeinsamkeiten, aber irgendwie mochten wir es beide, Zeit miteinander zu verbringen. Gabriel ließ mich glauben, dass eine Beziehung, egal ob man sie Freundschaft nennt oder Liebe, nur dann wahrhaftig und ehrlich ist, wenn zwei Menschen mit völlig verschiedenen Zielen sich füreinander interessieren und eine neue Welt für sich zu entdecken beginnen.

»Denkst du, dass Gabriel an einer Freundschaft mit dir interessiert ist?«, fragte mich Sofia vielsagend und bereitete mit großer Hingabe Käse- und Gemüsesandwiches für mich zu. »Ich kenne diesen Jungen von klein auf. Man kann mir nichts vormachen.«

Ich ging gegen Mittag zum »Roten Kraken«, setzte mich in den Schatten der Berberitzen und versuchte, dem angefangenen Buch zumindest ein paar Seiten hinzuzufügen.

Sofia wusste, dass ich schrieb, und machte nie einen Hehl daraus, dass sie mir gerne helfen wollte. Ihre Hilfe bestand hauptsächlich darin, dass sie mich ausgiebig verköstigte.

»Eines Tages wirst du eine berühmte Schriftstellerin sein, ich werde dir eine neue Kreation widmen«, sagte sie einmal zu mir. »Welchen Geschmack magst du am liebsten?«

Ich dachte nach. »Ich liebe Apfelgeschmack«, sagte ich schließlich, »Apfelgeschmack und Karamell.«

»Alles klar«, Sofia lächelte vielsagend, »ich werde einen Apfel-Karamell-Likör kreieren und ihn ›Anna-Ulrike‹ nennen.«

Ich musste lachen.

Sofia war ein Mädchen, wie man es nur sehr selten trifft, aber falls du das Glück hast, solltest du sie immer in deiner Nähe haben – sie war voller Güte, Liebe und Leben. Ich versprach ihr, dass sie mein Buch als Erste zu lesen bekäme, falls ich es je schaffen sollte, es zu Ende zu schreiben.

»Wirklich?«, sie freute sich wie ein Kind. »Ich dachte, dass Gabriel dein erster Leser sein würde.«

»Sofia«, ich seufzte genervt, »Gabriel liest keine Bücher.«

»Na und?«, Sofia zuckte mit den Schultern. »Einmal im Leben macht jeder eine Ausnahme.«

Entgegen Sofias Vermutungen traf Gabriel sich weiterhin mit anderen, mir fremden Mädchen, die sich meiner bescheidenen Meinung nach durch nichts voneinander unterschieden. Nicht nur das, sie sahen wie Massenprodukte einer Fabrik aus.

*

»Schau auf deine Beine, Anna«, sagte Maria zu mir, »schau herunter und sag, dass du sie liebst.«

Ich konnte es nicht. Ich liebte meine einst dürren Beine nicht mehr, ich liebte meinen eigenen Körper nicht mehr, besser gesagt, ich hatte seine Existenz völlig ausgeblendet. Jedes Mal, wenn ich unter die Dusche ging, versuchte ich, nicht in den Spiegel zu schauen. Obwohl ich mit meinem neuen Leben irgendwie zurechtzukommen schien, änderte sich meine Einstellung mir selbst gegenüber nicht.

»Ich kann nicht«, ich schüttelte den Kopf und biss auf meine Unterlippe, »ich hasse mich selbst. Wenn ich hübscher wäre, wäre Daniel nicht zu einer anderen gegangen. Ich hasse mich.«

Maria stand an der Wand. Sie hielt eine durchsichtige, mit Wasser gefüllte Schüssel und ließ mich nicht aus den Augen.

»Es ist unmöglich, so weiterzumachen. Du hilfst dir selbst überhaupt nicht«, sagte sie und befahl mir plötzlich: »Zieh dich aus!«

Ich war verdutzt.

»Zieh dich aus!«, wiederholte Maria noch strenger.

Keine Ahnung warum, aber ich gehorchte. Ich ließ erst die Strickjacke von meinen Schultern gleiten, dann das Sommerkleid. Als ich in meiner Unterwäsche dastand, sah Maria mich noch einmal an und um ihre Mundwinkel zuckte ein Lächeln.

»Hat dich deine Mutter als Kind vor dem Schlafengehen in Unterwäsche gebadet?«

Auch ich lachte.

»Zieh alles aus!«, präzisierte Maria für alle Fälle und drehte die Schüssel in ihrer Hand, so dass etwas Wasser auf den Boden tropfte.

Als ich splitternackt war, schloss sie die Augen, steckte die linke Hand ins Wasser, drehte mit der Rechten die Schüssel und begann zu murmeln.

»Maria …«, sagte ich leise.

Sie beachtete mich nicht. Sie war bereits woanders. Ich sah sie an und begriff nicht, warum ich diese Frau so sehr liebte; die Frau, die ich erst vor einem Monat kennengelernt hatte; die Irene in nichts ähnelte und mir trotzdem wie meine Mutter vorkam, eine Mutter, wie ich sie nie hatte; die Frau, die mir in der schlechtesten Phase meines Lebens begegnete und nun mit aller Kraft versuchte, mich ins Leben zurückzuholen. Sie trug ein graues Hauskleid und schien noch schlanker zu sein, aber ihre zerbrechlichen Arme, ihr sehniger Hals und ihre hängenden Schultern strahlten eine Kraft aus, wie ich sie noch nirgendwo gesehen hatte.

»Maria!«, wiederholte ich lauter.

Sie öffnete die Augen, nahm die Finger aus dem Wasser und kam zu mir.

»Trink!«, sagte sie und hob die Schüssel an meinen Mund.

»Ich kann das nicht trinken«, sagte ich geradeheraus und schaute zur Seite.

Ihr Gesicht erstarrte zu Stein und die Ringe unter ihren Augen wurden noch dunkler.

»Du bist das Kind deiner Mutter«, presste sie zwischen den Zähnen hervor und packte mich am Kinn, »gütiger, bescheidener und klüger, aber dennoch ein Teil von Irene. Du bist völlig zersplittert, deine Seele verlässt dich und du verweigerst die Medizin. Du befürchtest, dass der Geschmack meiner Hände hineinfließt, dass der Staub meiner Fingernägel dich beschmutzt, und du glaubst nicht, dass ich dir helfen kann.«

Sie ließ mich nicht los. Mein Unterkiefer tat mir furchtbar weh. Mein Mund wurde trocken. Ich konnte nicht antworten. Sie sagte die Wahrheit. Ich konnte nicht einmal Brot essen, das jemand anderes angefasst hatte. Auch von Daniels Teller hatte ich niemals gegessen.

Maria wich zurück und stellte die Schüssel auf den Tisch. Ich lehnte mich an die Wand und glitt zu Boden. Ich versuchte nicht einmal, mich anzuziehen.

»Ich bin im ärmsten Viertel großgeworden, Anna-Ulrike, wo das Brot nie ausreichte und wo wir das Salz aus unseren Tränen gewannen. Tränen gab es reichlich, ganz verschiedene, Tränen des Hungers und der Scham, des Schmerzes und der

Hoffnungslosigkeit. Deshalb schmeckte das Salz ganz unterschiedlich in unseren Häusern, genauso wie die mit diesem Salz zubereiteten Gerichte, und auch unser Leben, das sich nirgendwohin bewegte … Deine Mutter hat aber nie das Brot gegessen, das mit aus ihren Tränen gewonnenem Salz gebacken war. Auch du nicht. Du denkst immer darüber nach, wer das Glas angefasst hat, bevor du es in die Hand genommen hast. Ja, mit genau solchen nutzlosen Gedanken verunreinigst du deinen schönen Kopf, den du für hässlich hältst. Ich wollte dir eines sagen, Anna – da, wo die Überheblichkeit herrscht, wird die Liebe nie Fuß fassen können, da, wo du jedes Wort wiegst, wo du Angst hast, dass man dich verlassen wird, wenn du fällst, wo du dir nicht erlauben kannst zu weinen, wenn dir nach Weinen zumute ist, ist kein Platz für die Liebe. Du magst den Geschmack meiner Finger hassen, aber so kannst du nicht weiterleben. Die Welt ist klein und die Menschen sind einander viel näher, als es uns lieb ist.«

Ich brachte kein Wort heraus. Ich saß nackt auf dem kalten Boden, aber mir machte etwas anderes zu schaffen – die Scham. Ich stand langsam auf. Meine Knie knackten wie immer.

Maria zog die Augenbrauen hoch.

»Was ist mit dir los? Hat Irene dich etwa nicht gezwungen, Sport zu treiben? Musstest du keinen Tennisunterricht nehmen?« Sie fragte mich geradezu beiläufig, als ob sie nicht noch vor einigen Sekunden in meiner Seele herumgewühlt hätte.

»Sie wollte es«, sagte ich und griff nach der Strickjacke, überlegte es mir dann aber anders, »sie wollte es, ich habe aber nicht mitgemacht.«

Maria lächelte und in ihren Augen leuchtete die Zufriedenheit.

Ich ging zum Tisch, nahm die Schüssel und trank das Wasser.

Es schmeckte nach nichts. Ich trank und spürte, wie mein Körper von innen gereinigt wurde. Das Zimmer verschwand.

Ich sah Daniel. Hier begegnen wir uns zum ersten Mal, auf dem Geburtstag eines Freundes. Er sitzt vor mir, ich versuche

ihn nicht anzuschauen. Hier trinken wir einen Kaffee im Stadt-
zentrum, auf der Veranda des Cafés, das drei Jahre nach unserem ersten Rendezvous geschlossen wurde … Wir sitzen im
Kino und ich versuche, meine Hand so hinzulegen, dass er
begreift – ich warte auf seine Berührung … Wir stehen auf
der verregneten Straße, unter einem Baum. Daniel küsst mich
und das ganze Universum dreht sich um mich herum … Daniel küsst mich noch mehr, ich weine und spüre das Salz meiner Tränen. Mein Salz schmeckt nach dem Schmerz, nach meinen zertrümmerten Knochen, nach meiner zerschundenen
Haut, nach meinen strangulierten Träumen, nach meinen Alb-
träumen. Meine Tränen schmecken nach Daniels Lippen.

Ich trank den letzten Tropfen aus und stellte die Schüssel auf
den Tisch. Ich sah Maria an – sie stand auf, kam zu mir und legte die Strickjacke um meine Schulter.

»Ich habe Daniel wirklich geliebt«, sagte ich zu ihr.

»Ich weiß«, antwortete Maria und küsste mich auf die Stirn,
»versuche, zu Hause nackt herumzulaufen. Du wirst dich an
deinen Körper wieder gewöhnen.«

Ich hatte keine Kraft mehr. Ich umarmte sie, krümmte mich
und lehnte den Kopf an ihre Brust. Ich spürte eine merkwürdige Leere. Mich überlief ein Schauer. Maria hatte keine
Brüste. An jenem Abend wurde ich krank.

*

Ich hatte sieben Tage und Nächte lang hohes Fieber. Ich kochte innerlich, mein ganzer Körper glühte. Mir war, als ob das
Wasser aus meinen Poren floss, als ob ich austrocknete. Ich
wälzte mich herum, versuchte, nach Hilfe zu rufen, aber ich
schaffte es nicht, auch nur einen Ton von mir zu geben.

Zwischen Realität und Träumen gefangen, sah ich mit mat-
ten Augen Maria und Gabriel. Ich sah, wie Maria den Umschlag
auf meiner Stirn wechselte. Sie hatte die Hände der Mutter.
Nein, nicht meiner Mutter, sondern einfach einer Mutter –

warm und fürsorglich. Manchmal drückte sie meine glühenden Füße an ihr Herz und murmelte etwas vor sich hin. Gegen Mitternacht, wenn ich mich ein wenig beruhigte, stand Maria auf und lief im Haus herum, und ich spürte, wie die Luft sich reinigte und wie die Wände, mitten im Sommer, sich abkühlten.

Abends kam Gabriel vorbei. Er kam herein, krempelte die Ärmel hoch, beugte sich zu mir und bereitete die Spritze vor, die er mir geben wollte. Ich, die ich sowieso schon am Glühen war, verbrannte geradezu vor Scham. In einer Ecke zusammengekrümmt betrachtete ich meinen Körper, den ich in diesem Moment noch mehr hasste als je zuvor. Ich wusste, dass es in der Stadt keinen anderen Arzt gab, aber ich ärgerte mich trotzdem – konnte Maria denn die Spritze nicht selbst geben? Es musste doch nicht sein, dass Gabriel mich in diesem Zustand sah.

Ich spürte, wie vorsichtig er mich mit der dünnen Decke zudeckte, bevor er ging. Er beugte sich zu mir, kam mit seinem Gesicht so nah, dass ich den Geruch seiner Haut wahrnahm. Er horchte auf meinen Atem. Und ich lag da, schweißdurchtränkt, mit zerzaustem Haar, nackt und unvollkommen, und wollte sagen: Verzeih mir, Gabriel, dass ich krank geworden bin, dass ich mich selbst verloren habe, dass ich mein Leben verloren habe, dass ich immer wusste, was ich wollte und es nun nicht mehr weiß, verzeih mir, dass ich so geworden bin, dass der Kummer mich hässlich gemacht hat und dass du, der sich mit fast allen Mädchen der Stadt getroffen hat, nur eine Freundschaft von mir willst. Verzeih mir, ich kann nichts wiedergutmachen, ich kann dir nichts versprechen, ich kann nichts …

Ab und zu erreichte mich Sofias Stimme. Sie kam nicht ins Zimmer, sondern sprach mit Maria an der Türschwelle, sie brachte einen mit Äpfeln gefüllten Korb mit und ging wieder. Und jedes Mal, wenn sie die Tür meines Hauses öffne-

te, wurde ich – an der Grenze zwischen Schlaf und Wach-
sein taumelnd – in meinem Glauben bestärkt, dass ich Sofia
nah, sehr nah an meiner Seite haben musste.

*

Im Traum der ersten Nacht war ich eine riesige Spinne. Ich
lag in der Zimmermitte, im eigenen Netz verwickelt, und
erdrückte Daniel aus voller Kraft mit meinen Beinen. Ich
umschloss ihn genauso wie in der Realität, wie im Leben,
wie während des Menschendaseins, und mein schwarzer
Körper füllte sich mit ihm, mit seinem Blut, mit seinem
Leben. Die Dunkelheit wurde nur durch mein weißes Netz
erhellt und in diesem blassen, flimmernden Licht sah ich
Daniels Augen, die ich mehr liebte als alles andere auf der
Welt, und ich presste seinen Körper zwischen meinen abge-
spreizten Beinen zusammen, um das Licht in Daniels Augen
zum Erlöschen zu bringen. Als seine Augen weiß und seine
Lippen rau wurden, begriff ich, dass ich den letzten Tropfen
Leben aus ihm herausgesaugt hatte. Ich warf Daniels ver-
witternden Körper auf den Boden und lief fort.

Im Traum der zweiten Nacht war ich eine Orange. Daniel
hielt mich in der Hand, er zerdrückte mich, zog mir die Haut
ab, biss in mich hinein und ich zerplatzte und ergoss mich
über seine Lippen, seine Zunge, zwischen die Zähne. Ich war
ein Gift und breitete mich in Daniels Adern und Innereien
aus, ich breitete mich aus und verbrannte ihn. Daniel drehte und wand sich, prallte gegen die Wände, versuchte mich
auszuspucken, suchte nach Wasser, aber es war nicht einmal ein einziger Tropfen zu finden. Er quälte sich sehr lange,
dann ließ er los, entspannte sich und stürzte zu Boden. Als
ich sicher war, dass sein Herz aufgehört hatte zu schlagen,
sammelte ich meine eigenen Fetzen auf, wurde wieder rund
und rollte über die Erde.

Im Traum der dritten Nacht war ich ein Baum. Ich stand in der Wüste und schaute zum Himmel. Daniel kam zu mir und bat mich um Schatten. Ich zog mich zusammen und legte die Äste an. Ich gab ihm keinen Schatten. Er setzte sich auf meine Wurzeln. Ich schüttelte ihn ab und vergrub die Wurzeln tief im Sand. Ich ließ Daniel mitten in der Wüste unter der glühenden Sonne zurück. Erst vertrocknete seine Haut und wurde faltig, dann verdorrten seine Haare und seine Nägel, seine Augenhöhlen füllten sich mit Sand. Ich sah, wie die Seele ihn verließ. Ich sah seine Seele, die schwer, trüb und grau war. Als ich sicher war, dass das Leben Daniels Körper endgültig verlassen hatte, breitete ich die Äste aus und bedeckte die Wüste. Aus der Wüste wurde eine Oase.

Im Traum der vierten Nacht war ich Eis und Daniel lief auf mir entlang, er lief und schaute mich nicht an. Ich spürte einen unerträglichen Schmerz. Er trug schlammverschmierte Winterschuhe und beschmutzte mich, aber es schien ihm nichts auszumachen. Ich sprang und zerbrach, ich sperrte das Maul auf und verschlang Daniel, ich ließ das Wasser strudeln und zog ihn in die Tiefe, damit er nicht mehr entkommen konnte. Er schlug hilflos um sich, der Sauerstoff ging ihm aus, er schlug mit den Händen auf mich ein, versuchte, mich von innen aufzubrechen. Am Ende wurden seine Augen wässrig, das Blau seiner Augen vermischte sich mit den Wellen. Als er auf den Meeresboden sank, richtete ich mich auf, schloss den Mund und wurde ruhig.

Im Traum der fünften Nacht war ich ein Fisch. Ich fraß den Körper des ertrunkenen Daniels. Er schmeckte nach nichts.

Im Traum der sechsten Nacht war ich ein Spiegel. Ich stand Daniel gegenüber und sah ihn an. Ich sah ihn an und spiegelte ihn. Ich sah einen anderen Menschen, nicht den, den ich einst geliebt hatte. In ihm war kein Hauch von Güte, Mitleid oder Sehnsucht. Er liebte niemanden. Ich spürte, wie ich meine Augen verdrehte, sodass ich ihn nicht mehr sehen konnte, und ließ ihn ohne Spiegelbild zurück. Daniel stand vor dem Spiegel, der sein Gesicht für immer ausgelöscht hatte.

Im Traum der siebten Nacht war ich ich selbst, und ich war allein. Um mich herum war Meer und in sehr weiter Ferne, jenseits aller Ängste, war eine auf dem Wasser treibende Stadt zu sehen.

*

Am achten Tag brachte Maria mich in den Keller. Ich hatte kein Fieber mehr, ich spürte lediglich Schwäche und Trockenheit. Im Keller war es still und nass. Durch das kleine Klappfenster fiel Tageslicht herein und das alte Becken schimmerte eigenartig. Maria zog mir den Bademantel aus und zeigte auf das Wasser: »Leg dich hinein.«

Ich gehorchte ihr und stieg vorsichtig in das Becken. Das Wasser war warm und still. Erst als ich meinen Kopf dicht an die Wasseroberfläche hielt, sah ich, dass das Wasser voll silberner Fische war. Sie tummelten sich neben mir ruhig, symmetrisch und eingespielt, und hinterließen auf meiner Haut das Gefühl der Kühle und der Leichtigkeit.

Auch Maria stieg in das Becken. Sie hatte nichts an und ich sah zum ersten Mal die anstelle ihrer Brüste eintätowierten Veilchen, die auf Marias brauner Haut blühten wie etwas Lebendiges. Mir kamen die Tränen. Sie war so schön, so stark, mit ihren Narben und dem Schmerz, der auf ihrer Haut abgebildet war, sie versuchte so hingebungsvoll, mir zu helfen, in ihr steckte so viel Zauber und Menschlichkeit, dass mich das Verlangen überkam, sie fest zu umarmen und ihr zu sagen, wie dankbar ich war für all das, was sie für mich tat.

In der Hand hielt sie einen Lappen. Sie durchquerte das Becken und kam zu mir. Erst wusch sie mein Gesicht, dann Hals und Schultern, dann widmete sie sich den anderen Körperteilen. Sie säuberte mich mit aller Kraft von den Resten der Krankheit. Sie schrubbte und bürstete so voller Inbrunst, dass ich begriff, dass sie versuchte, auch den Kummer aus meinem Körper zu vertreiben.

»Das brennt …«, sagte ich sehr leise.

»Du musst dich gedulden«, bat mich Maria, »schließ die Augen und lieg still.«

Als Maria meinen Körper vollständig gesäubert hatte und alles, wovon sie meinen Körper und meine Seele gereinigt hatte, in die entfernteste Ecke des Beckens spülte, machte ich die Augen auf und sah zur Decke: Die Meerjungfrau mit dem goldenen Haar beweinte mit Bernsteintränen den jungen Mann, der in ihren Armen lag.

»Das ist Iurate«, sagte Maria. Sie lag jetzt neben mir auf der Wasseroberfläche. »Die Göttin des Wassers. Man sagt, dass sie sich in einen einfachen Sterblichen verliebte, einen sonnengegerbten Fischer, der am Meeresufer in einer heruntergekommenen Holzhütte lebte. Iurate vergaß, dass sie eine Göttin war, und zog mit ihrem Geliebten in die Bernsteinbucht, in eine hohe Burg, die auf das offene Meer hinausschaute. Als die Götter, Iurates Brüder, erfuhren, dass ihre Schwester mit einem Sterblichen zusammenlebte, zerstörten sie erzürnt die Burg und töteten den Fischer. So geschieht es, Anna, wenn eine Frau eigenständig eine Entscheidung trifft. Auch dann, wenn sie eine Göttin ist. Die Unabhängigkeit der Frauen macht die Männer verrückt …

Ach ja, was ich erzählte – Iurate weinte viel, sie trauerte lange um den Mann, den sie liebte, den sie mehr liebte als ihr eigenes Leben. Ihre Tränen verwandelten sich zu Bernstein und verteilten sich in der Bucht. Iurate selbst kehrte ins Meer zurück. Ich habe gehört, dass sie gelegentlich zurück an Land kommt und eine neue Liebe sucht. Und wenn sie jemanden findet, der ihrem Fischer ähnelt, werden Mädchen geboren, Iurates Töchter, Kinder von Meer und Land, die niemals ihre Mutter zu sehen bekommen, die von den Vätern oder von fremden Eltern großgezogen werden ... Sie kommen meistens aus dem Wasser und verschwinden dann wieder darin, wenn die Zeit reif ist. Bis auf wenige Ausnahmen haben sie keine Ahnung, wer sie sind, sie versuchen, normal zu leben, aber es gelingt ihnen nicht und sie verbringen ihr ganzes Leben mit der Suche nach Antworten.«

Maria machte eine Pause, atmete tief ein, dann wieder aus und fuhr fort: »Man sagt, dass keiner weiß, wie Iurate in Wirklichkeit aussieht, was für ein Gesicht sie hat, was für Augen, wie sie lächelt, wie sie versucht, einen Fischer in die Wellen zu locken, wenn sie verliebt ist. Um Iurate zu sehen, müsste man so tief tauchen, dass es die menschlichen Kräfte übersteigt.«

»Ist das bloße Tauchen ausreichend?«, fragte ich sie, ohne den Blick von der Decke zu wenden.

»Nein«, sagte Maria und in ihrer Stimme schwang ein schwaches Lächeln. »Die Ehre, die Göttin zu erblicken, soll nur derjenigen zuteilwerden, der die Liebe zu jemandem bis in die Knochen schmerzte; die so geliebt hat, dass sie nachts auf Pflastersteinen geschlafen und das aus ihren Augen tränende Blut Tropfen für Tropfen aufgesammelt hat; derjenigen, die im Spiegel des Wassers statt ihres eigenen Gesichts das Gesicht desjenigen sah, für den sie ihr Leben geben würde.«

Marias Stimme klang im Keller wie ein Gesang. Die Wände erzeugten einen dumpfen Hall.

»Möge die Göttin sich nur derjenigen erbarmen, die am Wasser laut geklagt hat, dass sie es nicht mehr ertragen kann, dass sie es nicht mehr aushält, vom Windausbruch bis zur Flaute, vom Aufziehen des Regens bis zu dessen Versiegen, von Sonnenuntergang bis Sonnenaufgang und umgekehrt in Angst zu leben. Möge die Göttin nur diejenige zurück an Land bringen, die gegen Mitternacht das Haus verließ, um sich auf die Suche nach sich selbst zu machen, und die, statt nicht mehr zurückzukehren, alle Wege und Pfade gefunden hat, um ihre Reise dort zu beenden, wo sie sie begonnen hat.«

Die Fische versammelten sich um mich herum, als ob sie mich beobachteten und darauf warteten, was ich sagen würde. Aber ich hörte Maria zu und mir wurde klar, dass ich die, von der Maria sprach, von irgendwoher kannte.

»Möge die Göttin nur diejenige beherbergen, die nie gelernt hat, mit den Worten eines anderen zu beten, der die eigenen Worte reichen, um zu ihr zu sprechen, der die Liebe genügt, um Worte zu finden.«

Ich irrte mich nicht. Maria sprach von mir.

»Möge die Liebe größer sein als der Wille der Göttin, als der Lebensdurst; unermesslicher noch als der Horizont am Ende des Meeres. Möge die Liebe gewaltiger sein als der vom Fels herunterstürzende Brocken, als alle Ängste zusammen, als das Wasser im Osten, Westen, Norden und Süden der Stadt, als das Wasser am Himmel über der Stadt, als das Wasser im Fundament der Stadt ...«

Maria brach ab und schaute mich an. Ich weinte.

»Wir alle wollten sie sehen – ich, deine Mutter, andere Mädchen«, auch Maria weinte, »aber wir haben es nicht geschafft. Die Liebe genügte nicht, wir selbst genügten nicht. Wir bevorzugten den Tod. Wir bevorzugten die Flucht. Wir bevorzugten es, das Leben so zu nehmen, wie es uns gegeben wurde – herb und geschmacksneutral. Aber wir gehören schon der Vergangenheit an und es spielt keine Rolle mehr, was mit uns geschah. Du wirst es schaffen, ich weiß es, du wirst es schaffen, auf den Meeresgrund hinabzusteigen und das Gesicht Iurates zu erblicken.«

Ich schluckte die Tränen hinunter.

»Gut, aber ich kann nicht einmal schwimmen, Maria.«

»Das spielt keine Rolle«, antwortete sie, »die Hauptsache ist, dass du genauso bist, wie du sein sollst.«

Ich betrachtete noch einmal das Mosaik. Iurates Bernsteintränen hingen wie Trauben von der Decke herunter.

*

»Entschuldige, dass ich so viel Zeit in Anspruch genommen und dich von deinen Mädchen abgehalten habe«, sagte ich zu Gabriel, der früher als gewöhnlich zum »Roten Kraken« kam und mich, die ich ins Schreiben vertieft war, überraschte.

Ich war ihm wirklich dankbar. Manchmal erinnerte ich mich, wie er mich gepflegt, mir Medikamente verabreicht und Spritzen gegeben hatte, und musste lächeln. Ich versuchte, sowohl Sofia als auch mich selbst zu überzeugen, dass Gabriels Taten nichts anderes waren als die gewöhnliche Fürsorge eines Arztes für eine Patientin, aber im tiefsten Innern begriff ich, dass mir seine Hände, die mich während der Krankheit behutsam an Gesicht und Körper berührten, etwas Größeres und Wichtigeres mitzuteilen versuchten. Ja, ich war ihm dankbar, aber dennoch zog ich ihn auf. Ich konnte nicht anders.

»Es sei dir verziehen«, er lächelte mich schief an und setzte sich. »Wie geht es mit dem Buch voran, das ich lesen soll?«

»Besser«, sagte ich voll Überzeugung und klappte das Notizbuch zu. »Wie geht es deinen Patienten?«

Bevor Gabriel mir antworten konnte, kam Sofia an unseren Tisch.

»Ich setze mich kurz zu euch«, sagte sie und gab Gabriel einen Stups in die Seite. »Kommt es nur mir so vor, als ob Anna-Ulrike etwas bedrückt, oder dir auch?«

Gabriel schaute mich an.

»Stimmt, sie sieht aus wie nach einer Krankheit«, bemerkte er ironisch.

147

»Das kann nicht der einzige Grund sein«, Sofia fuchtelte mit den Händen. »Anna, erzähl, was los ist. Mich kannst du nicht täuschen.«

Ich seufzte. Ich hatte sowieso vor, Sofia und Gabriel von Iurate zu erzählen. Außer Maria und den beiden hatte ich ja in der Stadt keinen Menschen, der mir nahestand. Einen besseren Moment hätte ich wahrscheinlich nicht finden können.

»Hör auf!« Gabriel brach in lautes Gelächter aus, als ich mit dem Erzählen fertig war. »Ich bitte dich, ruiniere nicht mein Bild von dir. Glaubst du etwa an Marias Märchen?«

»Wieso ist es ein Märchen?«, widersprach ich ihm. »Das Leben ist nicht bloß Wissenschaft, Gabriel. Das Leben ist im Gegenteil etwas, das nicht durch Formeln, Ziffern und Rezepte erklärt werden kann. Ich weiß nicht, wie ich es dir erklären soll … Wenn ich nicht daran glauben würde, könnte ich wahrscheinlich gar nichts schreiben.«

»Vielleicht hast du recht«, nickte Gabriel, »aber das bedeutet nicht, dass ich mich irre.«

»Was spielt es für eine Rolle, was Gabriel darüber denkt, Anna, oder ich«, Sofia breitete die Arme aus, »obwohl ich gleich hier anmerken will, dass du meiner Meinung nach unbedingt versuchen solltest, zum Meeresgrund zu tauchen, denn ich weiß, dass in dieser Stadt alles möglich ist. Diese Gegend fügt sich keinem Gesetz. Aber auch das ist unwichtig. Wichtig ist, was du glaubst, was du fühlst, ob du bereit bist oder nicht.«

»Wie kann ich bereit sein, wenn ich nicht einmal schwimmen kann«, sagte ich bedauernd.

»Das Schwimmen bringe ich dir bei«, bot mir Gabriel völlig unerwartet an, »ich kann gut schwimmen. Ich kenne mich mit Meerjungfrauen zwar nicht so gut aus, aber vielleicht tauge ich als Schwimmlehrer.«

»Gott sei Dank, dass du dich mit ihnen nicht auskennst«, sagte ich höhnisch und durchbohrte ihn mit meinem Blick.

Als Gabriel gegangen war, wischte Sofia meinen Tisch sorgfältig ab, machte mir einen Milchkaffee, stellte ihn neben mein Notizbuch und sagte zu mir: »Anna, du bist eifersüchtig.«

*

»Du musst mir vertrauen«, sagte Gabriel in der ersten Schwimmstunde zu mir, »wenn du mir nicht vertraust, wird aus der Sache nichts.«

Er entpuppte sich als guter Lehrer. Wir trafen uns abends in der Bernsteinbucht. Ich, die den Menschen nie vertraut hatte, lernte allmählich, wie ich mich im Wasser ruhig bewegen konnte, wenn ich Gabriels Arm unter meinem Körper vermutete. Ich, die es immer eilig hatte, lernte, wie ich rhythmisch und ruhig atmen musste, wie ich das Gleichgewicht halten konnte. Ich, die sich einmal wegen einer Dummheit selbst verloren hatte, fand mich Tag für Tag im Meer neben Gabriel wieder.

»Denk an die Freiheit«, sagte Gabriel zu mir, »hole weiter mit den Armen aus, öffne das Wasser so wie morgens die Vorhänge, damit die Sonnenstrahlen hereinkommen. Das Wasser liebt die Ängstlichen nicht. Denk über das Glück nach, Anna.«

Ich war erstaunt. Im Wasser verwandelte er sich in einen anderen Menschen. Der Junge, der all das lächerlich fand, was nicht durch eine Formel erklärt und nicht mithilfe der Wissenschaft bewiesen werden konnte, wurde zum größten Romantiker, wenn er mir das Schwimmen beibrachte.

»Tauch unter, tauch sanft unter«, sagte er, »sanft und sorglos, also, wie soll ich es dir erklären …«

»Als ob ich in einem Nachttraum versinke«, half ich ihm einmal aus und zog in Erwartung einer zynischen Bemerkung den Kopf unter Wasser.

»Genau«, freute sich Gabriel, »als ob du im Nachttraum versinkst.«

Er hatte starke Hände und breite Schultern. Er schwamm so sicher, als ob er aufrecht stehen würde, und er stand aufrecht so, als ob tief in die Erde geschlagene Wurzeln ihm sein Gleichgewicht verliehen. Mit Gabriel an meiner Seite hatte ich vor nichts Angst.

Nach zwei Wochen spürte ich, dass ich bereit war.

*

Das Meer war ruhig. Die Bernsteinbucht war durch die Strahlen der aufgehenden Sonne erhellt. Ich stieg ins Wasser und lief so lange, bis das Meer mir bis zum Hals reichte. Ich breitete die Arme aus. Ich dachte an die Freiheit, die mir diese Stadt gegeben hatte, an die Freiheit zur Schwäche und Hilflosigkeit, die Freiheit zur Liebe und zum Hass, an die Freiheit zur Freundschaft und zur Partnerschaft. Meine Freiheit war vielfältig, groß und farbenfroh. Ich schwamm weiter.

Die Fische tummelten sich in großen Schwärmen um mich herum, sie umkreisten und berührten mich, als ob sie meine Haut schmeckten. Als ich meine Füße aneinander presste, die Arme nach unten richtete und senkrecht in die Tiefe glitt, sah ich die silbernen Fische, die in meinen eigenen Adern schwammen, und ich bekam Angst. Ich erinnerte mich an Daniel. Wie ich ihn liebte, wie ich ihn liebte, wie ich … Ich sank wie ein Stein Richtung Grund.

»Das Leben besteht darin, die Ängste zu überwinden«, hörte ich Gabriels Stimme und wunderte mich. Diese Worte hatte er mir nie gesagt. »Denk an die Freiheit.«

In der Tiefe des Wassers, wo das Licht nicht mehr hinkam und die Delfine und Kraken mit aufgerissenen Rachen in endlosen Reihen zum Abgrund zogen, dort, wo selbst die Fische nicht mehr atmen konnten, sah ich zwei große Sonnen – Gabriels Augen, die die Finsternis des Meeres erhellten.

Bevor ich den Grund mit den Füßen berührte, betrachtete ich noch einmal meinen Körper – die Fische, die durch meine Adern schwammen, verfärbten sich rötlich. Es war warm.

Ich stellte mich fest auf den Grund und lief. Ich atmete mit dem ganzen Körper. Ich schritt vorwärts und war von einem eigenartigen, unbeschreiblich großen Glücksgefühl erfüllt.

Und als ich mich dem mitten auf dem tiefsten Meeresgrund errichteten Bernsteinaltar näherte, sah ich die mit dem Rücken zu mir sitzende Iurate, die Göttin des Meeres, die Jahrhunderte damit verschwendet hatte, ihre verlorene Liebe zu suchen. Ich stand da und schaute sie an. Sie war nicht so vollkommen, wie ich es erwartet hatte. Sie sah aus wie ein ganz gewöhnliches Mädchen. Das weizenblonde Haar schimmerte auf ihren Schultern. Sie war nicht besonders schlank. Ich näherte mich ihr. Sie drehte sich um und sah mich an. Sie sah mich an und ich spürte, wie ich vor Angst völlig schwerelos geworden war. Sie hatte mein Gesicht. Die Göttin Iurate hatte mein normales Gesicht, meine dunkelhonigfarbenen Augen, meine Nase mit dem kleinen Haken, meine asymmetrisch gewölbten Wangenknochen und meine Stirn.

Sie war ich.

Ich löste mich vom Boden und durchkreuzte die Wellen. Ich versuchte, an die Wasseroberfläche zu gelangen. Mir ging die Luft aus, aber ich gab nicht auf. Ich eilte beharrlich in Richtung Sonne.

Endlich tauchte ich auf. Ich spuckte das Wasser aus, füllte meine Lungen mit Sauerstoff und schwamm ans Ufer.

Sobald ich die Erde berührte und zurückblickte, sah ich, wie Gabriel aus dem Meer stieg. Erst da begriff ich, dass er alle Abgründe mit mir gemeinsam durchquert hatte, um mich im Notfall retten zu können.

Ich saß im Sand. Gabriel kam und setzte sich neben mich, genauso wie damals an dem goldenen Ufer, als wir einander zum ersten Mal begegnet waren.

»Ich bin müde«, sagte ich sehr, sehr leise und legte meinen Kopf an seine Schulter.

Er ließ mich den Kopf vorsichtig heben und ich sah noch einmal seine unendlich warmen, lichterfüllten Augen.

»Hab keine Angst«, sagte er zu mir und küsste mich vorsichtig.

Gabriels Lippen schmeckten nach Apfel und Karamell.

*

»Sie hatte mein Gesicht, Maria ... Iurate hatte mein Gesicht. Mein erschöpftes Gesicht, das ich für hässlich hielt und deshalb verabscheute. Iurate war mein Spiegel, Maria. Ich schaute sie an und sah mich selbst. Es war niemand anderes in Sicht.

Sie sah auch dem Mädchen ähnlich, das nach Orangen duftete und das auf irgendeiner Insel tot aufgefunden wurde, vom Meer ans Ufer gespült; das einen halben Mann liebte und nichts bekam. Ich wusste nicht, dass es auch solche Göttinnen gibt, Maria, die eine Hälfte eines Mannes lieben und ihn mit jemandem teilen.

Iurate hatte auch das Gesicht eines anderen Mädchens, des Gütigsten aller Mädchen, das die Dürre aus unserer Stadt vertrieben hatte. Was sagte ich gerade? Unsere Stadt? Ja, ich habe nicht vor, von hier wegzuziehen, ich kann das

Haus nicht verkaufen, Maria, und woanders kann ich auch nicht leben. Du wusstest doch, dass es so kommen würde?

Sie ähnelte auch jenem Mädchen, das die Spinnen gebar, dem Seemädchen, dem Lilienmädchen und dem zweiten Mädchen, das Eis war und zu Wasser wurde, das zugleich die Güte und das Böse war, und das auf der Suche nach sich selbst verloren ging.

Iurate hatte auch das Gesicht meiner Mutter, das strenge Gesicht und den langen Hals meiner Mutter. Vielleicht malte sie abends sogar, ich weiß es nicht. Als ich sie sah, war es Morgen.

Auch dein Gesicht hatte sie, Maria, dein erschöpftes Gesicht, deine wunderschönen Augen, deine amputierten Brüste. Wenn ich krank war, kümmerte sie sich um mich, wenn ich hungrig war, gab sie mir zu essen, wenn ich sterben wollte, zeigte sie mir den Weg des Lebens. Auch vor dem Spiegel stand sie genauso wie du. Ganz ehrlich. Ich lüge dich nicht an.

Wir waren Iurate, Maria, wir, die Mädchen, die verliebten, betrogenen, verlassenen, gestorbenen, halbtoten, zum Leben zurückgekehrten, kämpfenden, gütigen, bösen, hingebungsvollen, egoistischen, gut gekleideten, schlecht gekleideten, nackten, reichen, armen, hübschen, hässlichen, siegreichen, besiegten Mädchen, die Mädchen, die immer auf der Suche nach jemandem sind und niemanden finden, die Mädchen, die Angst hatten, wegliefen und vom eigenen Weg verfolgt wurden, die Mädchen, die sich umbrachten, dann von den Toten auferstanden oder auch nicht und das Leben und die Freude neu lernten oder auch gar nichts lernten. Wir, die die eigenen Schwächen besiegt und uns über uns selbst erhoben haben oder auch nicht …

Wir, die Mädchen, waren Iurate, Maria, denn jedes Mädchen kann eine Göttin sein, wenn es will.

An jenem Abend, als ich das Buch beendete, ging ich noch einmal zum Ufer von Iurate. Ich kniete am Meer und legte meine Hände ins Wasser.

Ich spürte, wie sich die Fische in meinen Adern bewegten und zu den Fingern schwammen.

Meine Finger vereinten sich mit dem Meer und öffneten den Fischen, die sich an den Fingernägeln versammelt hatten, den Weg.

Sie verließen meinen Körper – die silbernen Fische, die roten Fische; in zehn symmetrischen Reihen schwammen sie aus mir heraus und vermischten sich mit dem Meereschaos.

Und als Iurate alle ihre in mir lebenden Kinder empfangen hatte, stand ich auf, stieg den Abhang hinauf und schaute von den Schlossruinen der Göttin auf das Wasser herab.

Der Nebel wiegte sich über dem Meer. Ich stand und wiegte mich hin und her, wiegte mich und war glücklich. Die Vögel flogen aus allen Himmelsrichtungen herbei und brachten mir Kränze aus Sonnenblumen. Sie hängten sie mir über Schultern und Arme, um den Hals und ich, mit offenen Augen der Sonne zugewandt, sah die hinter meinem Rücken liegende nördliche Stadt.

Ich senkte die Arme, nahm die Hände nach hinten, kreuzte sie und spürte, wie die Welt sich mit dem gleichen Duft füllte, der Sonnenblumen in der Mittagshitze eigen ist.

Jemand berührte meine Hände. Ohne mich umzudrehen, sah ich ihn, Gabriel, den Jungen, der mich damals zu lieben begann, als nicht einmal ich selbst mich liebte, den Jungen, den das Wasser zu mir führte. Er stand hinter meinem Rücken, hielt meine Hände in den seinen und blickte auf meine Schultern mit seinen vom Licht verengten, aber dennoch unendlich lichterfüllten honigfarbenen Augen.

Das Meer unten am Fels wurde unruhig. Die Wellen über-
schwemmten die am Ufer verstreuten Bernsteine – Iurates
Tränen.

Ich schaute aufs Wasser. In der Tiefe des Meeres war ganz
schwach mein Spiegelbild zu sehen.

Ich machte einen Schritt nach hinten und lehnte mich an
Gabriels Brust.

Diesmal war es kein Traum.

Salome Benidze

Salome Benidze wurde 1986 im georgischen Kutaisi geboren und studierte Journalismus und Politologie in Tiflis, Vilnius und Thessaloniki. 2012 wurde sie mit dem SABA Literaturpreis für das beste Debüt ausgezeichnet. Ihr Buch »Die Stadt auf dem Wasser« erhielt 2016 den Tsinandali-Preis für die beste Prosasammlung. Sie ist in der Presse- und Öffentlichkeitsarbeit einer Organisation tätig, engagiert sich für Frauenrechte und lebt in Tiflis.

Dank

Ich danke meinen Freunden und meinen georgischen Verlegern, Books in Batumi Publishing, für ihre Liebe und Unterstützung.

Iunona Guruli

Iunona Guruli wurde 1978 in Tiflis geboren, studierte Journalistik, Politik und Geschichte in Tiflis, Hannover und Freiburg und lebt als Übersetzerin und Autorin in Berlin. 2016 wurde sie für ihr Buch »Die Diagnose« mit dem SABA Literaturpreis für das beste Debüt ausgezeichnet.

Tatia Nadareischwili

Tatia Nadareischwili wurde 1988 in Tiflis geboren und studierte Illustration und Grafische Gestaltung. Sie lebt als Illustratorin in Tiflis. 2011 erschien in Georgien ihr erstes Bilderbuch, 2017 mit dem Kinderbuch »Schlaf gut« ihre erste Veröffentlichung außerhalb Georgiens.

MINISTRY OF CULTURE
AND MONUMENT PROTECTION
OF GEORGIA

The book is published with the support of the
Georgian National Book Center and the Ministry
of Culture and Monument Protection of Ceorgia.

Originalausgabe:
© Books in Batumi, 2015

Illustrationen und Umschlagabbildung:
© Tatia Nadareischwili
Lektorat: Julia Baudis
Druck: finidr, s.r.o.

© 2017 AvivA Verlag
AvivA Britta Jürgs GmbH
Emdener Str. 33, 10551 Berlin
fon (0 30) 39 73 13 72
fax (0 30) 39 73 13 71
info@aviva-verlag.de
www.aviva-verlag.de

ISBN: 978-3-932338-91-5